99× DÜSSELDORF
wie Sie es noch nicht kennen

Sandra Wohlfart
Florian Böhm

Inhalt

▶ **Vorwort** 5

Altstadt und Stadtmitte

01	Fisch trifft Alt – Fischmarkt am Tonhallenufer	06
02	Mehr als nur Schmuck	08
03	Ön äschte Düsseldorfer Spezijalität	10
04	Uerige, dat leckere Dröppke	12
05	Knochendiebe und der schiefe Turm von Düsseldorf	14
06	Bierausschank im Kirchhof	16
07	Bert Gerresheim – Kunst im Stadtbild	18
08	Bäckerei Hinkel – die mit dem Küken im Logo	20
09	Joseph Beuys und der Kunstbunker	22
10	Kom(m)ödchen – das Kabarett schlechthin	24
11	Hoppeditz-Erwachen	26
12	Gänseessen und Gribschen	28
13	Kunst im Tunnel, Bücherschrank am Rhein	30
14	Zankapfel Gaslaternen	32
15	Kunst im Hinterhof des Robert-Schumann-Hauses	34
16	Carlstadt ahoi!	36
17	Die Senfhauptstadt Deutschlands – löwenstark	38
18	Hier trifft sich Düsseldorf	40
19	Wein in der Bierstadt	42
20	Ein Hut für alle Fälle	44
21	Ruhig wohnen mitten im Geschehen	46
22	Einen Pfennig für die Radschläger	48
23	Wenn U-Bahnhöfe zu Kunstobjekten werden	50
24	Kunstvoll: Architektur und Park am Ende der »Kö«	52
25	Essen in der ehemaligen Telefonzentrale	54
26	Die Hexe von der »Kö«	56
27	Little Tokyo in der Landeshauptstadt	58
28	Hautnah in der Kunstszene	60
29	Palmen im Straßenverkehr	60

Hafen, Friedrichstadt, Ober- und Unterbilk, Volmerswerth

30	Hier geht's um die Wurst – der leckerste Fleck der Stadt	62
31	After-Work-Party mit Panoramablick	64
32	All about Nails	66
33	Das Leben ist zu kurz für schlechte Schokolade	68

34	Das Männerkaufhaus in Düsseldorf	70
35	Die Seele baumeln lassen	72
36	Ein Bauernhof mitten in der Stadt	72
37	Wo Minibäume Ferien machen	74
38	Ela – mehr als Mode	76
39	Eigenlob stinkt? Nicht in der Friedrichstadt!	78
40	Für die Kleinsten vom Feinsten: Puppentheater	80
41	Alternativ-Theater Takelgarn	80
42	Volksgarten: Vielseitigkeit im Grünen	82
43	»Hotel am Volksgarten«: Individuell in Oberbilk	84
44	Kirche im Wandel der Zeit	86
45	»Das Büdchen« – mehr als ein Kiosk	88
46	Niemandsland	90
47	Hundert Jahre Eisqualität	92
48	Oldtimer hautnah	94
49	Créateur de Saucissons	96
50	Mit dem Rad am Rhein entlang	98
51	Ein Sonntag in Volmerswerth	98

Flingern

52	Düsseldorfs bunteste Straße	100
53	Ein Ausflug in Tausendundeine Nacht	102
54	Der Herr der Ringe – Made in Flingern	104
55	»Koch dich Türkisch!«	106
56	Hier geht Ihnen ein Licht auf!	108
57	Hinterhofcharme in Flingern	110
58	Das kleine Kaufhaus der schönen Dinge	112
59	Mehr als ein Surferladen	114
60	Zu Besuch bei biozertifizierten Kuratoren	116
61	Sommerfestival der Künste	118

Nördlich der Innenstadt

62	Mit dem Reh auf Du und Du	120
63	Lust auf rheinische Küche	120
64	Genießen wie auf Lesbos	122
65	Baden wie zu Kaisers Zeiten	124
66	Spaziergang zwischen Gräbern	126
67	Haute Couture in Pempelfort	128
68	Was vom Bahnhof übrig blieb	128
69	Zu Gast bei Felicitas	130
70	Ein Spaziergang mit Alpakas	132
71	Ein Laden nur für Prinzessinnen	134
72	Startklar zum Abschalten	136
73	Eine Buchhandlung zum Verweilen	138
74	Florence Nightingale und die Diakonissen	140

Linksrheinisch: Ober-, Niederkassel, Lörick, Heerdt

75	Die Tischlerei im Herzen Oberkassels	142
76	Eine Bar ermutigt zum Würzen	144
77	Spielewunderland für Groß und Klein	146
78	Der Düsseldorfer Hanseat	148
79	Kaffee aus Düsseldorf, exklusiv geröstet	150
80	Wo sich alle Rassen pudelwohl fühlen	152
81	Immer höher auf dem Fest der Superlative	154
82	Gourmetgenuss am Fluss	156
83	Tierischer Badespaß	158
84	Klettern wie die Affen	160
85	Eine Oase im sonst wenig grünen Heerdt	160
86	Die stabilste Kirche der Welt	162
87	Über sieben Brücken musst du gehn	164
88	Fernöstliche Kultur in Niederkassel	166
89	Eine Straße voller Köstlichkeiten	168

Stadtrand und Rhein-Kreis Neuss

90	Kunst an der Werft	170
91	Begeisterung für die Unterwasserwelt	172
92	Natur und Barock – Schloss Benrath im Sommer	174
93	Miniferien vom Alltag	176
94	Naturschutzgebiet in der Stadt	178
95	Mit den Waschweibern durch die Zollfeste Zons	180
96	Echte Helden ackern selbst	182
97	Shakespeare live erleben	184
98	Die Schützen sind los	186
99	Ein Paradies für Pflanzenliebhaber	188
▶	**Register**	190
▶	**Impressum**	192

Vorwort

Das Dorf an der Düssel hat sich in den letzten Jahren so richtig gemausert. Und die Stadt am Rhein hat sich irgendwie neu erfunden. Es sind Millionenprojekte realisiert worden, Stararchitekten wurden ans Werk gelassen, setzten sich Denkmäler und bereicherten die Metropole. So entstanden etwa die Gehry-Bauten im Medienhafen und der Libeskind-Bau am Kö-Bogen. Wo früher der Verkehr durch die Stadt rauschte, kann man heute flanieren. Ganze Viertel haben sich neu definiert, so hat Flingern eine wunderbare Hinterhofatmosphäre, hier haben sich Künstler und sehr spezielle Geschäfte niedergelassen, während das Loretto-Viertel edlen Vintagecharme versprüht. Aber auch in der Innenstadt gibt es neben den bekannten Sehenswürdigkeiten auch immer wieder Hingucker, etwas, das auch die Menschen, die schon lange in der Stadt leben, noch nicht kennen.

Auch die Kunststadt am Rhein hebt sich mit spannenden Projekten von der Masse ab, es finden viele Events statt, etwa das Asphaltfestival, die Kunstpunkte, der Tag des offenen Ateliers und jede Menge mehr. In Düsseldorf leben und arbeiten viele bekannte Künstler, die zusammen mit Vereinen, der Stadt und privaten Institutionen Raum und Platz für noch unbekannte Kunstschaffende zur Verfügung stellen. Selbst U-Bahnhöfe werden zu werbefreien Kunstplätzen.

Der Rhein teilt die Stadt in zwei Hälften, und das macht sie noch eine Spur vielfältiger. So kann man beispielsweise eine Bootstour nach Duisburg in den größten Binnenhafen der Welt machen oder auch einfach nur mit der Fähre ins historische Zons fahren oder nach Kaiserswerth. Die weiten Rheinwiesen auf beiden Seiten des Stroms haben wunderbare Radwege. Das Freizeitangebot der Landeshauptstadt ist vielfältig, mit ihren schönen Parks und den großen Gärten sowie dem Grafenberger Wald ist viel Grünfläche vorhanden, selbst der Nordfriedhof lädt zum Spazierengehen ein.

In diesem Sinne wünsche ich Ihnen viel Vergnügen beim Lesen und beim Erkunden von neuen – oder auch Wiederentdecken von alten – Plätzen dieser spannenden Metropole!

Sandra Wohlfart

01 Fisch trifft Alt – Fischmarkt am Tonhallenufer

Achtmal im Jahr, von April bis November einmal monatlich, ist es so weit: Der Fischmarkt am Tonhallenufer öffnet seine Pforten. Dann treffen Fisch auf Alt, Flammkuchen, erlesene Weine und gute Stimmung auf Livebands.

Über 90 Händler aus ganz Europa errichten ihre Stände am Tonhallenufer auf den Rheinterrassen. Der Fischliebhaber weiß gar nicht, wo er zuerst anfangen soll. Frische Matjes aus Holland, das Ganze im Brötchen mit Zwiebeln, wie es sich gehört? Oder doch lieber ein halbes Dutzend französische Austern mit einem Viertel trockenem Chablis? Geräucherte Forellen und Makrelen aus eigener Zucht bieten die Händler aus Düsseldorf an. Der Einheimische findet außerdem viele Stände der Wochenmärkte aus der Umgebung. Aber auch weit gereiste Spezialitäten wie Riesengarnelen und Tintenfische werden angeboten. An den Brauerei-Altbierständen kann man sein Fischbrötchen mit dem kräftigen Obergärigen runterspülen. Das bunte Treiben wird von Livebands untermalt, und den ganzen Tag über herrscht ausgelassene Schlemmerstimmung. Für weniger »fischige« Menschen gibt es Flammkuchenstände, Fleisch und Geflügel, Tiroler Käse sowie Südtiroler Wildschweinsalami und viele andere Schmankerln.

▶ Rustikales italienisches Ambiente herrscht im »Pinocchio«. Ein kurzer Fußmarsch Richtung Altstadt führt zu einer der besten Trattorien der Stadt (Altstadt 14).

Der Fischmarkt findet im Schatten der Tonhalle statt. Das Backsteingebäude, welches ehemals ein Planetarium war –, daher seine runde Form – stammt aus den 1920er-Jahren. Sein Kupferdach schimmert in der Abendsonne, darunter befindet sich der große Konzertsaal, an dessen Kuppel sich im Inneren Lichtkunstwerke von Günther Uecker und Adolf Luther befinden, die das Planetarium der Musik symbolisieren. Im grünen Gewölbe, dem schönen, expressionistisch designten Foyer des Konzertgebäudes, nimmt man vor der Vorstellung den Apéro und kann dabei die ungewöhnlichen Ausstellungsstücke des Hentrich-Glasmuseums bewundern.

Fischmarkt · November–Mai, jeweils am 1. Sonntag des Monats, 11–18 Uhr
Tonhallenufer/Rheinterrassen · Josef-Beuys-Ufer 33 · 40479 Düsseldorf · U-Bahn Tonhalle

Vom Tonhallenufer hat man einen schönen Blick auf die Jugendstilbauten gegenüber.
Köstliche Austern aus Frankreich sorgen für ein mediterranes Flair.

Annemone Tonsch mit der »Seifenblasenkette« in ihrer Altstadt-Galerie

Mehr als nur Schmuck

Die Schaufenster der kleinen Cebra-Schmuckgalerie üben eine magische Anziehungskraft aus! Es strahlt und leuchtet in allen Farben, hier ein Paar Ohrringe, dort ein Armreif, wunderschöne Anhänger für Ketten, ausgefallenste Schmuckstücke in einer Vielzahl an Materialien werden präsentiert.

Nach ihrem Studium der freien Kunst an der Rietveld-Akademie in Amsterdam und des Designs in Düsseldorf eröffnete Anemone Tontsch ihre Galerie. Von außen sieht sie wie ein ausgefallener Schmuckladen aus, ist aber viel mehr als das. Sie dient als Plattform für zahlreiche Schmuckschaffende aus dem In- und Ausland, denn es werden regelmäßig Ausstellungen veranstaltet, Arbeiten präsentiert und erläutert. Im Cebra werden ausschließlich Unikate verkauft, und man kann sich auch Sonderanfertigungen wünschen. Die Galerie legt ein besonderes Augenmerk darauf, das Besondere, das Eigenständige im Bereich zu zeigen. Nicht nur im Schmuckdesign, sondern auch bei Accessoires und Dekorationen. Dabei spielt der Wert des verwendeten Materials eine untergeordnete Rolle –

▶ **Drei Häuser weiter, in einer Häuserzeile aus dem Jahr 1697, befindet sich »Czikos«, ein ungarisches Restaurant mit Zigeunermusik und viel Plüsch – herrlich kitschig und sehr lecker!**

ob edel oder einfach, auf die Gestaltung kommt es an! Das sieht man auch in der Kunst der Anemone Tontsch. Ein edler Weißgoldring wird mit einem Legostein geziert, ein Teelicht wird zu einem Cocktailring geschmiedet, ein alter Fußball kann zum Bierträger werden oder auch zur Handtasche. Ausladende Ketten aus echtem Laub werden konserviert und mit Silberfolie unterlegt; ein anderes Collier wiederum sieht aus, als bestünde es aus Seifenblasen. Alles mutet sehr originell an, und es scheint, gestalterisch wären keine Grenzen vorhanden. Die Unterschiedlichkeit der ausgestellten Arbeiten begeistert, und alle Exponate wurden über viele Jahre handverlesen. So viel Kreativität zahlt sich aus und hat sich in Düsseldorf einen festen Platz erobert: Die Schmuckgalerie feiert 2017 bereits ihr 30-jähriges Bestehen.

Galerie Cebra · Di, Mi 11.30–18.30, Do, Fr 11.30–19.30, Sa 11–16 Uhr · Andreasstr. 25
40213 Düsseldorf · Tel. 0211/32 32 12 · www.galerie-cebra.de · U-Bahn Heinrich-Heine-Allee

03 Ön äschte Düsseldorfer Spezijalität

Ein Besuch des »Kabüffke« in der Altstadt ist Kult bei Alt und Jung. Denn hier gibt es den erlesenen Kräuterlikör, gleich am Fenster im Straßenausschank oder in geselliger Runde in dem schönen, altertümlichen zweistöckigen Schankraum.

Die Geschichte der Schnapsfabrik Wilhelm Busch geht bereits auf das Jahr 1858 zurück. Der berühmte Killepitsch ist dann nach dem Zweiten Weltkrieg entstanden. Seine Geschichte geht zurück auf Willi Busch, den Schnapsfabrikanten, und Hans Müller-Schlösser, Autor des Theaterstücks »Schneider Wibbel« (und damit Erfinder des schlitzohrigen Düsseldorfer Volkshelden). Als die beiden Herren gemeinsam im Zweiten Weltkrieg im Bunker saßen und die Bomben draußen einschlugen, wurde der Plan für den neuen Likör geschmiedet, dessen Namen aus killen (also töten) und pitschen (einen trinken) entstand und das Überleben der beiden Düsseldorfer Originale feierte. Heute ist Killepitsch längst ein Name, der über die Stadt- und Landesgrenzen hinaus Geschichte schreibt. Und längst gibt es nicht nur den Killepitsch, sondern auch den Applepitsch und Vodkapitsch, neuerdings auch Killepitsch-Pralinen. Die Produktionsstätte in der Altstadt platzte aus allen Nähten und wurde daher in den Medienhafen verlegt. Hier werden auch die 98 Kräuter vom Chef selbst eingelegt, die dann unter Zusetzen von Zucker und Schnaps zum Killepitsch werden. Die Probierstube, das traditionelle »Kabüffke« in der Altstadt, ist seit 1955 hier nicht mehr wegzudenken.

Wer gerade im Winter sich nur schnell »eene pitsche« will, der klopft an der Scheibe, und schon geht ein Fenster auf und ein Glas mit der schwarzroten Flüssigkeit wird herausgereicht. Wer es lieber gesellig mag, steht eng an eng im Gastraum, in dem man sich sofort in die 1950er-Jahre zurückkatapultiert fühlt. Man genießt entweder Killepitsch oder andere hochwertige Spirituosen und Weine aus aller Welt unter dem Kronleuchter aus einer hölzernen Galionsfigur. Und im Laden nebenan kann man die guten Tropfen auch kaufen.

»Et Kabüffke« · Flinger Str. 1 · 40213 Düsseldorf · Tel. 0211/13 32 69 · www.killepitsch.de
U-Bahn Heinrich-Heine-Allee

Im Likörladen verlockt der Killepitsch in allen Variationen und Größen.

Ausschenken, servieren, trösten, Späßchen machen – ein Köbes für alle Fälle

Uerige, dat leckere Dröppke

Seit 1862 wird im Patrizierhaus an der Berger Straße das bitterste Altbier der Stadt gebraut. Die Erbsensuppe am Samstag hat hier Tradition, und einen Platz zu ergattern, ist schwer. Im »Sterbezimmer« befindet sich der traditionellste Stammtisch der Stadt, denn ins »Uerige« geht Mann hin, bis er stirbt.

Im »Uerige« scheint immer Hochbetrieb zu herrschen, auf dem Vorplatz, der sich bis zum Rheinufer erstreckt, und auch in den verschiedenen Zimmern und Sälen – wie Handwerkerstube oder auch Rittersaal – geht es zu jeder Tageszeit hoch her. Die Hans-Müller-Schlösser-Stube des Brauhauses nennen die Kenner »Sterbezimmer«, denn in dieser gemütlichen Stube saßen und sitzen eingefleischte Stammtischbrüder, deren zweites Zuhause das »Uerige« ist. Mit Schildern wie »Schnaps schadet Ihrer Gesundheit und meinem Geschäft« macht das Brauhaus klar, dass man hier beim Bier bleibt. Mittlerweile gibt es auch Weizenbier und das Stickum – Starkbier, das früher heimlich, also stickum, gebraut wurde. Die Köbesse, wie die Kellner in der Altstadt genannt werden, haben immer einen lockeren Spruch auf den Lippen, und wer ein Wasser bestellt, dem kann es schon mal passieren, dass der Köbes fragt, ob man Handtuch und Seife auch haben wolle. Ein leeres Glas wird unaufgefordert durch ein volles ersetzt und dazu ein Strich auf den Bierdeckel gemacht, bis man seinen Deckel auf das Glas legt: die Aufforderung zum Zahlen, jetzt wird nicht mehr nachgefüllt. Das Brauhaus bietet Speisekarten in Platt und Hochdeutsch an, Letztere nur auf Verlangen. So wird der Gast mit einem »Halven Hahn« konfrontiert, nur leider ist das erwartete halbe Hähnchen ein Roggenbrötchen mit Mainzer Käse, wahlweise mit »Musik« – also Zwiebeln. Beliebt sind auch die Mettbrötchen oder die Flöns, die rheinischen Blutwürste. Traditionell am Samstag ist die »Aehtzesupp« angesagt, ein Erbseneintopf mit Bockwurst. Aber das »Uerige« ist und bleibt ist in erster Linie ein Bierausschank. Gebraut wird vor Ort, es ist eine der letzten traditionellen Brauereien der Altstadt.

»Uerige« · tägl. 10–24 Uhr · Bergerstr. 1 · 40213 Düsseldorf · Tel. 0211/86 69 90
www.uerige.de · U-Bahn Heinrich-Heine-Allee

Knochendiebe und der schiefe Turm von Düsseldorf

Die St.-Lambertus-Basilika mit ihrem schiefen Turm ist die Mutterkirche Düsseldorfs und blickt auf eine 800-jährige bewegte Geschichte zurück. Im Pfarraltar befindet sich der Apollinarisschrein mit den Gebeinen des Heiligen, des Schutzpatrons der Stadt.

Als Barbarossa 1162 das störrische Mailand endlich unterwarf, nahm er von seinem Beutezug Gebeine von Heiligen mit. Darunter die des heiligen Apollinaris von Ravenna, die er dem Erzbischof von Köln schenkte. Auf dem Weg nach Köln stoppte jedoch das Schiff aus unerfindlichen Gründen in Remagen, was als göttliches Zeichen gewertet und weshalb Apollinaris fortan in der Stadt am Rhein aufbewahrt wurde. Köln entwickelte sich in dieser Zeit mehr und mehr zum Wallfahrtsort, und das stieß den Düsseldorfern sauer auf, denn auch sie wollten Einnahmen durch Pilger und Touristen generieren. Kurzerhand ließ der Herzog der Stadt, Wilhelm I., im Jahr 1383 die Gebeine des heiligen Apollinaris stehlen und ließ für sie einen Schrein in der Lambertuskirche bauen. Der heute in den Pfarraltar integriert ist. Seither ist Apollinaris der Schutzpatron der Landeshauptstadt. Nur wenige wissen, dass ihm zu Ehren jedes Jahr um den Apollinaristag (23. Juli) eine Woche mit kirchlichen Veranstaltungen stattfindet. Weit über die Stadtgrenzen hinaus bekannt ist hingegen das Schützenfest mit der größten Kirmes am Rhein, das ihm zu Ehren veranstaltet wird.

Die Lambertusbasilika wurde 1815 von einem Blitz getroffen, woraufhin der Turm Feuer fing. Die Wasserspritzen reichten aber nicht bis zur Spitze des Turms, und so kletterte der Schlosser Joseph Wimmer, der zwei Jahre zuvor die Glocken hier aufgehängt hatte, hinauf und warf brennende Balken nach unten, um den Brandherd zu verkleinern. So nahm die Kirche keinen Schaden. Der Turm erhielt einen verstärkten Bleischutz, aber durch das Gewicht neigte sich der Helm und musste gestützt werden. Nach dem Zweiten Weltkrieg baute man den Turm auf Wunsch der Bevölkerung wieder schief auf, und dem mutigen Joseph Wimmer widmete die Stadt eine Gasse.

St. Lambertus · Stiftsplatz 7 · 40213 Düsseldorf · Tel. 0211/13 23 26
www.lambertuspfarre.de · U-Bahn Heinrich-Heine-Allee

Die Rheintreppen sind ein beliebter Treffpunkt bei Alt und Jung.
Der Schrein mit den Gebeinen des heiligen Apollinaris beim Hauptaltar der Lambertusbasilika.

Inmitten der Altstadt versteckt sich der Bierausschank auf dem Hof der Neanderkirche.

# 06

Bierausschank im Kirchhof

Klöster, die selbst Bier brauen, haben Biergärten und Ausschank, das ist ja deutschlandweit bekannt. Die Neanderkirche in der Altstadt hat keine Brauerei, aber einen Biergarten, sie stellt nämlich den Kirchplatz der Brauerei »Zum Schlüssel« zur Verfügung.

Unter großen Schirmen hockt man in gemütlicher Runde im Kirchhof der 1687 fertiggestellten evangelischen Kirche, die ihren Namen dem Bremer Pastor Joachim Neander (1650–1681) verdankt. Dieser komponierte Kirchenmusik, unter anderem das jedem Kirchgänger bekannte »Lobet den Herren, den mächtigen König der Ehren«. Immer noch nimmt in dieser Kirche Musik einen wichtigen Platz ein, und von Juli bis September finden jeweils mittwochs um 18.30 Uhr Orgelkonzerte statt.

In dem Haus auf der anderen Seite der Bolkerstraße, in dem sich die Brauerei und die Gaststuben des »Schlüssel« befinden, wurde bereits 1850 Bier gebraut. Die zweifach mit dem »European Beer Star Award« ausgezeichnete Brauerei hat ihren Namen einer alten Tradition zu verdanken, wurden doch damals die Schlüssel der Stadttore über Nacht in den Wirtschaften hinterlegt. Die Küche bietet Rheinische Klassiker wie Senfrostbraten, »Mettwooscht«, Kartoffelsuppe, Eisbein mit Kraut,

▶ **Man kann das gute Obergärige auch in den Kasematten genießen, dazu feine Gerichte aus dem Brauhaus. Außerdem wichtige Sportübertragungen auf Großleinwand.**

Röggelchen mit diversen Auflagen und Spanferkelwürstchen »auf Pü«, im Winter gibt es auch Muscheln. Eine Spezialität des Hauses aber sind Gerichte mit dem Fleisch vom »Schlüssel-Treberbullen«: Beim Bierbrauen entsteht Treber, und man hat herausgefunden, dass dieses eiweiß- und energiereiche Abfallprodukt ideal zur Fütterung der Limousin-Rinder ist. Man arbeitet mit Höfen zusammen, die artgerechte Tierhaltung betreiben, und das marmorierte, zarte Fleisch schmeckt zum Beispiel als Treberbullen-Gulasch hervorragend zu einem frischen Alt. Mit dem »Kille Vanille« kann man das Essen dann abrunden: Vanilleeis mit Killepitsch – eine rauschige Kombination!

»Zum Schlüssel« · So–Do 10–24, Fr, Sa 10–1 Uhr · Bolkerstr. 41–47 · 40221 Düsseldorf
Tel. 0211/828 95 50 · www.zumschluessel.de · U-Bahn Heinrich-Heine-Allee

Bert Gerresheim – Kunst im Stadtbild

Bert Gerresheim ist aus Düsseldorf genauso wenig wegzudenken wie das Ko(m)mödchen oder das Alt. Erkundet man die Stadt, wird man oft mit seinen außergewöhnlichen Bronzeskulpturen konfrontiert – Kunst gratis, sozusagen.

Der Bildhauer und Maler Bert Gerresheim wurde 1935 in Düsseldorf geboren und studierte an der Kunstakademie bei Otto Pankok. 1981 wurde sein »Gespaltener Heine« am Schwanenspiegel spektakulär präsentiert – und kritisiert. Gerresheim verzerrt das reale Abbild und schaut so ins Innere seiner Figuren. Bei der Heine-Skulptur geht er von der Totenmaske aus, zerlegt sie in diverse Teile und mischt diese mit Motiven aus Heines Leben. Etwa der Trommel, als Bestandteil von Heines Werk, oder den Schuhen, die darauf deuten könnten, dass seine Frau Mathilde Schuhverkäuferin war.

In der Altstadt befinden sich zwei weitere Skulpturen: Auf einem Berg von Narrenkappen, Mützen, Kronen und Hüten sitzend, guckt der Schelm aller Schelme, der Hoppeditz, eulenspiegelgleich die Passanten auf dem Marktplatz an. Und das Stadterhebungsmonument am Burgplatz zeigt die Schlacht von Worringen.

▶ **Von Oktober bis Januar steht auf dem Burgplatz das Riesenrad »Wheel of Vision« und bietet die Möglichkeit, die Stadt aus der Vogelperspektive zu betrachten.**

Und auch sonst stößt man immer wieder auf Werke des Künstlers: Auf dem Campus der Heinrich-Heine-Universität steht eine vier Meter hohe Bronzeskulptur des Dichters, in Oberbilk erinnert das Josef-Monument an die Stahlwerke, die damals hier ansässig waren. Momentan ist gerade »Mutter Ey« in Arbeit, eine wahre Kultfigur der Düsseldorfer Kunstszene: Johanna Ey, alleinerziehende Mutter aus armen Verhältnissen, eröffnete 1907 in Düsseldorf eine Bäckerei mit Café, das schnell Treffpunkt der oft noch ärmeren Künstler wurde. Sie schmierte Brote für Musiker, Bildhauer oder Maler. Mit dem Wissen, das sie durch viele Gespräche erworben hatte, entwickelte sie sich in den 20er-Jahren zur berühmten Kunsthändlerin und Mäzenin.

Bert Gerresheim · z. B. »Gespaltener Heine«, Schwanenspiegel, »Hoppeditz«, Marktplatz, »Stadterhebungsmonument«, Burgplatz

Die »Matratzengruft« zeigt die Zerrissenheit des Dichters Heinrich Heine.

Josef Hinkel auf dem Weg zur Auslieferung seiner Brotspezialitäten

Bäckerei Hinkel – die mit dem Küken im Logo

Röggelchen gehören ebenso zu Düsseldorf wie das Altbier und der Killepitsch. Nicht nur in Düsseldorf ist die Traditionsbäckerei Hinkel bekannt. Hinkel bezeichnete im Altdeutschen eine Familie mit Hühnern, und so nistet sich das Küken im Logo ein.

Spaziert man durch die Altstadt, wird man gelegentlich von einem laut klingelnden Fahrrad überholt: Dann braust der Bäcker Hinkel mit Backhose und Hosenträgern vorbei. Vollgepackt mit Brot ist der Korb vorn am Rad, und ein Duft von Frischgebackenem breitet sich aus. Bereits in vierter Generation führt Josef Hinkel den Betrieb. Er legt großen Wert auf das Backen mit Natursauerteig und gehört somit zu einem der wenigen traditionellen Brotbäcker der Landeshauptstadt. Über 90 Brotsorten werden in der Bäckerei im Jahr hergestellt, 60 Sorten sind täglich erhältlich. Natürlich gibt es auch Kuchen und Kleingebäck, aber auf Café-Ecke, Sahne- und Cremeschnitten wird ebenso verzichtet wie auf belegte Brötchen. Man widmet sich ausschließlich dem Bäckerhandwerk, ohne Schnickschnack, aber dafür in Perfektion. Kaum ein Tag vergeht, an dem nicht lange Schlangen vor den Läden in der Altstadt stehen. Und das Warten lohnt sich. Die traditionellen Röggelchen, Zwillingsroggenbrötchen, stehen hoch im Kurs. Saisonal gibt es ein Rüebli-Brot, Kappeskopp und, pünktlich zur »Federweißer«-Saison, Zwiebelkuchen. Die »Nonneföhzke« sind das Highlight im Karneval, dann ist Hochsaison für das spitz zulaufende Hefegebäck, das nach dem Frittieren mit Puderzucker bestreut wird. Während des alljährlichen Fests auf der Hohe Straße herrscht in der offenen Backstube Hochbetrieb, und die Kunden lauschen gespannt den Ausführungen von Hinkel und seinem Team. Dank Krümel, dem Backmobil, kann man Hinkels Spezialitäten an verschiedenen Orten der Stadt genießen, denn damit geht Barbara Hinkel mit dem Team »op Jöck«.

▶ **Bei Arthur Platz, dem traditionellen Scherzartikelladen (Grabenstr. 1), findet man alles für fröhliche Feiern: Tischfeuerwerk, Spielkarten, Zauberkästen und vieles mehr.**

Bäckerei Hinkel · Mo–Fr 6–18.30, Sa 6–16 Uhr · Hohe Str. 31 · Tel. 0211/86 20 34 13
www.baeckerei-hinkel.de · U-Bahn Heinrich-Heine-Allee

Winzig wirkt Beuys' Ofenrohr an der brutalistischen Fassade des »Kunstbunkers«.

Joseph Beuys und der Kunstbunker

Düsseldorf wurde schon früh zu einer Kunsthochburg Deutschlands. Bereits im 18. Jahrhundert gründete Kurfürst Carl Theodor die Kunstakademie, und die Düsseldorfer Malerschule von Wilhelm von Schadow war schon 1826 bekannt. Rund 150 Jahre später dann kam Joseph Beuys.

Kurfürst Jan Wellem begründete im 17. Jahrhundert Düsseldorfs Ruf als Kunststadt. Künstler internationalen Ranges ließen sich hier nieder, und die Akademie wurde zu einer wichtigen Institution. Sie brachte dann im 20. Jahrhundert auch einen ihrer kontroversesten Künstler hervor – Joseph Beuys. 1921 in Krefeld geboren, verbrachte Beuys nach dem Krieg seine Studien- und Schaffenszeit in Düsseldorf. 1961 wurde er zum Professor für monumentale Bildhauerei ernannt. 1972 kam es jedoch zum Eklat, als er einen Kurs anbot, an dem alle von der Akademie abgelehnten Schüler teilnehmen konnten – für Beuys sollte jedem der Zugang zum eigenen Kunstschaffen eingeräumt werden. Er verlor daraufhin seine Professur. Nicht immer wurde seine Kunst verstanden. Belächelt wurde beispielsweise seine mit Fett, Pflaster und Mullbinden bearbeitete Badewanne, die von zwei eifrigen Frauen versehentlich gründlich gesäubert und als Spülbecken benutzt wurde.

▶ **Wer mehr über Düsseldorfer Kunst erfahren will, der sollte sich eine Führung mit Anke oder Arnulf Pfennig nicht entgehen lassen, Tel. 0211/63 52 59, www.duesseldorfer-stadtfuehrung.de**

An den Künstler erinnert heute, für jedermann gut sichtbar, aber trotzdem meist unbeachtet, am »Kunstbunker«, wie die Einheimischen das Bauwerk nennen, ein Ofenrohr. Eine Installation von Beuys, die »Das Schwarze Loch« heißt und anlässlich einer seiner Ausstellungen an der Kunsthalle angebracht wurde. Im Inneren kann man seit 1981 in das Loch hineinschauen. Der amerikanische Künstler James Lee Byars erschuf nach Beuys' Tod »Die Träne«: Eine Fuge, die sich in roter Farbe vom Dach bis hinunter zum Gebäude schlängelt und Trauer über den Tod des Künstlers ausdrückt.

Kunsthalle Düsseldorf · Di–So 11–18 Uhr · Grabbeplatz 4 · 40213 Düsseldorf
Tel. 0211/899 62 40 · www.kunsthalle-duesseldorf.de · U-Bahn Heinrich-Heine-Allee

Erstklassiges Kabarett und viele Überraschungen garantiert das Kom(m)ödchen.

Kom(m)ödchen – das Kabarett schlechthin

Was passiert, wenn zwei Studenten, die vom Schauspiel keine Ahnung haben, sich in Berlin kennenlernen, dem Wunsch auszuwandern widerstehen und sich stattdessen in Düsseldorf niederlassen? Die Geburt des deutschen Kabaretts!

1948 gründeten Kay und Lore Lorentz das Kom(m)ödchen, damals noch in einem Hinterzimmer der Hunsrückenstraße. Nachdem die politisch-satirische Bühne immer bekannter wurde und die Stadt nicht wollte, dass das Ensemble etwa nach Köln abwanderte, bot sie dem Ehepaar den Saal im Kunstbunker an. Der Umzug wurde 1967 in der Pause einer Vorführung gemacht, und die Zuschauer trugen zusammen mit Schauspielern und Beleuchtern das Bühnenbild und die Requisiten in die neue Behausung. Kurz vor dem Tod des Ehepaars 1993/94 übernahm Sohn Kay auf Drängen seiner Mutter die Geschäftsführung. Der Platz vor der Kunsthalle wurde in Kay-und-Lore-Lorentz-Platz umbenannt.

Ein gelungener Kabarettabend wird in der »K Bar« eingeläutet, von hier betritt man den Vorstellungsraum mit nur 200 Plätzen. Ganz in Schwarz gehalten, mit wuchtig angedeuteten Schränken rechts und links der Bühne. Dann fällt der Blick auf die Wand – und da hängt es, das Kommödchen! Entspannt nimmt man Platz und trinkt sein Bierchen. Legere Stimmung herrscht in diesem kleinen Theater, das im Lauf der Zeit viele Kabarett-Größen hervorgebracht hat. So gehörten Hugo Egon Balder, Thomas Freitag, Harald Schmidt nebst Mariele Millowitsch und Jochen Busse zum Ensemble. Das heutige besteht aus Christian Ehring, Maike Kühl und Heiko Seidel, Daniel Graf und Martin Maier-Bode. Sie kreierten auch den Publikumsrenner »Couch. Ein Heimatabend«, der deutschlandweit ein großer Erfolg wurde. Es folgte »Sushi. Ein Requiem«. Neben dem hauseigenen Ensemble treten auch immer wieder bekannte Künstler und Newcomer auf.

▶ **Gleich hinter der Andreaskirche diniert man im Wohnzimmer-Ambiente: Düsseldorfer Spezialitäten, kombiniert mit französischer Küche, im »Weinhaus Tante Anna« (Andreasstr. 2).**

Kom(m)ödchen · Lore-und-Kay-Lorentz-Platz · 40213 Düsseldorf · Tel. 0211/32 94 43
www.kommoedchen.de · U-Bahn Heinrich-Heine-Allee

11 Hoppeditz-Erwachen

Die fünfte Jahreszeit beginnt jedes Jahr pünktlich am 11.11. um 11.11 Uhr vor dem Rathaus am Schlossplatz. Dann hockt der Erzschelm, personifiziert durch einen renommierten Karnevalisten, auf einem riesigen Senffass (Löwensenf natürlich) vor dem Jan-Wellem-Denkmal und hält seine bissige Rede.

Er zieht dabei Leute des öffentlichen Lebens durch den Kakao. Ihm gegenüber, auf dem Balkon des Rathauses, steht der Oberbürgermeister und muss dem Schelm Rede und Antwort stehen. Am 11.11. herrscht Ausnahmezustand in der Altstadt, und nach der Rede des Narren geht es in den Kneipen hoch her – die fünfte Jahreszeit wird eingeleitet.

Die närrische Zeit gipfelt im Straßenkarneval, der um 11.11 Uhr am Altweiber-Donnerstag beginnt. Dann stürmen die »Möhnen« das Rathaus, halten den Oberbürgermeister gefangen und schneiden ihm zum Zeichen ihrer Herrschaft die Krawatte ab. Nachdem der OB symbolisch einen Schlüssel überreicht hat, ziehen die schwarz gekleideten Frauen mit ihren bunten Hüten quer durch die Stadt und schneiden nach Herzenslust Schlipse ab, die sie als Trophäen ihrer eintägigen Regentschaft an ihre Mäntel heften. Am Aschermittwoch ist alles wieder vorbei: Die Düsseldorfer verabschieden sich von Hoppeditz unter lauten Wehklagen bei seiner Verbrennung und Beerdigung im Garten des Stadtmuseums und beim anschließenden Fischessen.

Wer mehr über dieses Düsseldorfer Brauchtum erfahren will, der sollte einen Termin im »Haus des Karnevals« machen. Bei der Führung durch das denkmalgeschützte Haus in der Zollstraße erfährt man viel über die Geschichte des Karnevals, wieso man in Düsseldorf »Helau« und nicht »Alaaf« ruft, und man kann nebst alten Programmheften auch die Zugordnung von 1845 betrachten. In schönen Vitrinen kann man Requisiten der Narren sehen, Karnevalsgesellschaften haben sehenswerte Kostüme ausgestellt, und Narrenkappen in allen Ausführungen liegen zur Begutachtung bereit. An den Wänden hängen Bilder stolzer Prinzenpaare.

Haus des Karnevals · Besichtigungen und Führungen nach telef. Anmeldung · Zollstr. 9
40213 Düsseldorf · Tel. 0211/33 01 01 · U-Bahn Heinrich-Heine-Allee

Jeder kennt den Karneval, doch nur wenige kennen das Museum. Hoppeditz weist den Weg.

St. Martin mit dem roten Mantel reitet an der Spitze großer Umzüge.
Nach dem Umzug gehen die Kinder mit ihre Laternen singend von Haus zu Haus und »gribschen«.

Gänseessen und Gribschen

Welches Kind im Rheinland kennt das nicht – den Martinsumzug, das Gänseessen und das »Gribschen«. Für »Zugereiste« aber ist die Größe dieses Fests erstaunlich. Am Martinstag, dem 11. November, wird an den heiligen Martin gedacht, und schon viele Wochen vorher werden Laternen gebastelt und Lieder geübt.

Das Brauchtum geht auf Martin von Tours zurück, der im Jahr 316 im heutigen Ungarn als Sohn eines römischen Offiziers geboren und später selbst Soldat des römischen Kaisers wurde. An einem kalten Wintertag ritt er an einem frierenden Bettler vorbei und gab ihm einen Teil seines warmen Mantels. In jener Nacht erschien ihm der Bettler im Traum und gab sich ihm als Jesus Christus zu erkennen. Daraufhin reiste Martin nach Frankreich, ließ sich taufen und lebte fortan als Mönch. Als er aber das Bischofsamt übernehmen sollte, sträubte er sich und versteckte sich in einem Gänsestall. Die Tiere verrieten ihn jedoch durch lautes Geschnatter, und schließlich willigte er ein und wurde Bischof von Tours. Post mortem wurde er heilig gesprochen. Er beschützt die Bettler, Soldaten und Haustiere und ist Schutzpatron der Winzer, Weber, Schneider, Hirten, Hutmacher und Müller.

Ihm zu Ehren gibt es in Düsseldorf in allen Stadtteilen und Gemeinden alljährlich große Martinsumzüge, zu dem Kinder mit selbst gebastelten, bunt leuchtenden Laternen kommen. Allen voran reitet der heilige Martin mit seinem roten Umhang auf einem Schimmel, dann folgen die Laternenträger, und eine Blasmusik ist auch mit von der Partie, die die Martinslieder anstimmt. Höhepunkt des Umzugs: Der heilige Martin teilt seinen Mantel mit dem Bettler. Nach einem gemeinsamen Gebet löst sich der Zug auf. Meist gehen dann die Erwachsenen zum traditionellen Gänseessen, mit Rotkohl und Knödeln, während die Kinder mit ihren Laternen zum »Gribschen« aufbrechen. Sie ziehen von Haustür zu Haustür, singen Martinslieder und werden dafür mit Süßigkeiten oder Früchten beschenkt. Unbedingt mit in ihre Tüte gehört ein Weckmann. Schon Wochen vor dem Martinstag sieht man in den Auslagen der Bäckereien diese kleinen Männchen aus süßem Hefeteig, mit oder ohne Rosinen, aber unbedingt mit einer Pfeife im Mund, die an einen (umgedrehten) Bischofsstab erinnert.

13 Kunst im Tunnel, Bücherschrank am Rhein

Rechts und links rauscht der Verkehr im Rheinufertunnel entlang, während der Besucher sich in dem 800 Quadratmeter großen Ausstellungsraum von unterschiedlicher Breite und einer Länge von 140 Metern ein wenig wie in einer Röhre fühlt, während er die wechselnden interessanten Expositionen junger Künstler betrachtet.

Nach dem Bau des Rheinufertunnels (1993) bekam die Stadt ein neues Gesicht, zum einen mit dem Bau des Medienhafens, in dem Stararchitekten ihr Können zeigten, und zum anderen auch durch die Rheinuferpromenade, die in neuem Glanz erstrahlte. Schon von Weitem sieht man den Glasbau des »Café KIT« an der Promenade. Man tritt ein, rechts führt eine steile Treppe in den Untergrund, links der Lift, und der Besucher steht dann in dem Hohlraum zwischen den Fahrspuren des Rheinufertunnels. Man hört den Verkehr zwar nicht, trotzdem ist es ein seltsames Gefühl hier unten, so ein bisschen wie von der Außenwelt abgeschnitten. Die Ausstellungen wechseln vier- bis sechsmal jährlich, junge Künstler und Akademie-Absolventen sollen in diesem Raum ihre Fähigkeiten mit gemeinschaftlichen, auch internationalen Projekten unter Beweis stellen.

▶ **Direkt an der Rheinkniebrücke liegt Roncalli's Apollo Varieté: Artisten- und Unterhaltungsshows, auch mit Essen buchbar (Apollo-Platz 1, www.apollo-variete.com).**

Vom »Café KIT« hat man einen schönen Blick auf den Rhein, besonders draußen auf der großen Terrasse, egal, ob zum Frühstück oder Apéro. An Wochenenden treten Bands aus aller Herren Länder auf.

Gleich neben dem KIT steht der Bücherschrank, eine Einrichtung des Literaturbüros NRW. Wer kennt das nicht: Man hat mal wieder ausgemistet, und ein paar Bücher haben im Regal einfach keinen Platz mehr – im Bücherschrank am Rheinufer schon! Man darf seine Bücher hier hineinlegen und einfach ein anderes wieder rausnehmen. Die Palette ist groß, Kinderbücher, Krimis, Belletristik, Sachbücher, manchmal wechselt das komplette Sortiment sogar an einem Tag.

KIT – Kunst im Tunnel · Di–So 11–18 Uhr · Mannesmannufer 1b · 40213 Düsseldorf
www.kunst-im-tunnel.de · Straßenbahn 706, 708, 709 Landtag/Kniebrücke

Während sich auf der anderen Seite der Tunnelwand der Verkehr staut, stellen Künstler ihre Werke in der Nische aus, die beim Bau des Rheinufertunnels entstand.

Behagliches Licht verströmen dieses schönen Gaslaternen in der Altstadt.

Zankapfel Gaslaternen

14

Momentan gibt es mehr als 17 000 Gaslaternen in Düsseldorf, und das macht die Landeshauptstadt einzigartig, denn sie ist die einzige Stadt weltweit, die diese Lampen noch flächendeckend als Straßenbeleuchtung einsetzt. In den meisten Städten Deutschlands sind sie aus dem Straßenbild verschwunden.

Beim abendlichen Bummel durch die Stadt fallen die altertümlichen Lampen dem Spaziergänger ins Auge. Die meist sechseckigen Laternen mit spitz zulaufendem Dach stehen auf grünen, oft verzierten Masten und werfen ein gedämpftes, gelbes Licht auf die Straßen. Man fühlt sich glatt ins 18. Jahrhundert zurückversetzt, in die Zeit, als der Nachtwächter die Laternen noch von Hand zündete. Das geht heute natürlich automatisch, und die Geschichten des Gasmännchens sind Schnee von gestern, doch noch heute sind die Düsseldorfer stolz auf ihre Laternen. Die ältesten stammen noch aus dem ausgehenden 19. Jahrhundert, sie sind vom Typ Alt-Düsseldorf und wurden extra für die Landeshauptstadt hergestellt, und das seit 1866.

Momentan bringt allerdings die Stadt das Blut seiner Bewohner zum Kochen, will sie doch die Zahl der Gaslaternen auf 4 000 Stück reduzieren. Es hat sich eine Initiative bildete, allen voran Gabriele Henkel, die mit den Bürgern für den Erhalt der Lampen kämpft. Grund für die Reduzierung ist die Wirtschaftlichkeit, denn der CO^2-Ausstoß soll 95 Prozent höher liegen als bei der angestrebten LED-Variante, außerdem ist der Wartungsbedarf laut Angaben der Stadtwerke weit höher. In der Altstadt und in schützenswerten Straßenzügen sollen die alten Laternen bleiben. An Straßenkreuzungen oder Bereichen, in denen mehr Licht erforderlich ist, sollen sie durch LED-Leuchten ersetzt werden. Eine gute Nachricht gibt es in dem Streit: Die historischen Laternen werden nicht abgebaut, nur ihr Innenleben wird durch die neue Technik ersetzt, mit der man auch den Schein des Gaslichts imitieren kann. Und wer seine eigene Gaslaterne mit nach Hause nehmen möchte, kann sie direkt bei den Stadtwerken kaufen – allerdings ein nicht ganz billiges Unterfangen.

Gaslaternen · In vielen Altstadtstraßen, z. B. Heinrich-Heine-Platz, Carlsplatz, Ritterstr., Berger Allee, Citadellstr. · www.düsseldorf-gaslicht.de

15 Kunst im Hinterhof des Robert-Schumann-Hauses

Schräg gegenüber der Heinrich-Heine-Stiftung steht das Haus, in dem das Musiker-Ehepaar Robert und Clara Schumann zusammen mit seinen Kindern mehr als zwei Jahre wohnte, bevor der Komponist in eine Nervenheilanstalt bei Bonn eingewiesen wurde. Und auch heute noch ist es ein Haus der Kunst.

Durch das große Portal des Biedermeierhauses tritt man in einen der schönsten Innenhöfe Düsseldorfs. Große Pflanzen in bunten Töpfen und eine gemütliche Sitzgruppe lassen einen ganz schnell die Hektik der Großstadt vergessen. Wir folgen den Skulpturen zum Hinterhaus. Bronzeplastiken sind auf Steinsockeln ausgestellt: hier eine tanzende Frau, dort ein Widder, gleich daneben Centauria. Dann tritt man durch die Tür in das Atelier Petrovic und Rutz und fühlt sich wie in einer anderen Welt. An der Decke hängen Mobiles, im Eck steht eine Esse, in der die Edelmetalle geschmolzen werden. Auf dem Tisch vor Ivonne Rutz liegen Werkzeuge, die sie für die feinen Goldschmiedeobjekte benötigt. Eine kleine Auswahl liegt in den Vitrinen, interessante Ringe, schlichte Armreifen, alle mit der Rutz-Petrovic hauseigenen Goldlegierung. Eine Besonderheit, denn heutzutage legieren nur noch wenige Goldschmiede selbst. Wer eigene Vorstellungen von einem Schmuckstück im Kopf hat, ist hier in der künstlerischen Umsetzung gut aufgehoben. Hans Petrovic betreibt dieses Atelier bereits seit mehr als 40 Jahren, er ist bekannt in der Düsseldorfer Szene und arbeitet viel mit Naturmaterialien wie beispielsweise Treibholz: in den Rheinauen gefundene Hölzer, umschlossen von edelsten Metallen. Auch im Vorderhaus wird Kunst großgeschrieben: Hier liegt das Töpferatelier von Alena Lorenkova. Bis in die 1980er-Jahre war die Carlstadt das Künstlerviertel Düsseldorfs. Die meisten Ateliers sind mittlerweile in Flingern, dem Düsseldorfer Kiez, ansässig, und das Atelier Petruvic und Rutz ist hier eines der letzten seiner Art.

▶ **In der Paralellstraße, der Hohe Straße, gibt es exzellente Patisserie bei Künstlertochter Imi Knoebel im »Pure Freude« – ebenfalls mit romantischem Innenhof.**

Atelier im Hinterhof · Di–Fr 11–18, Sa 11–6 Uhr · Bilker Str. 15 · 40213 Düsseldorf
Tel. 0211/32 42 49 · www.ivonnerutz.de · U-Bahn Heinrich-Heine-Allee

Bronzeskulptur von Hans Petrovic im Hinterhof des Robert-Schumann-Hauses

Petri Heil! – Angler finden bei Manns eine große Auswahl an qualitativem Zubehör.

Carlstadt ahoi!

Ein Schiffsausrüster mitten in Düsseldorf – das zeugt von der großen Bedeutung, den der Rhein auch heute noch auf die Stadt hat. Außerdem mündet die Ruhr bei Duisburg in den großen Strom und macht die Metropolregion Rhein-Ruhr wassersportlich umso attraktiver.

Düsseldorf hat mehrere Jachtclubs, und die wichtigste und größte Bootsmesse der Welt, die »Boot«, findet alljährlich im Januar auf dem Messegelände statt. All das sind gute Voraussetzungen für den einzigartigen Laden für Jachtzubehör, Bootsausrüstungen, Wassersportbekleidung sowie Anglerzubehör für Süßwasser und Hochsee. Die Firma Manns wurde 1845 von Heinrich Manns gegründet und ist bis heute ein Familienbetrieb. Seit 1962 führt die Familie Knappheide die Geschäfte. Sie betreibt zugleich eine der letzten Tauwerkfabriken, die Joka-Seilerei. Mit 130 Jahren Erfahrung ist sie in der vierten Generation der Ansprechpartner rund um Tauwerk, Takelagen und Natur- und Kunststoffseile jeglicher Art, von Generation zu Generation wurde Wissen weitergegeben.

▶ **Feinste indische Speisen, Mittagskarte und Sonntagsbrunch gibt es gegenüber im »Mayur« (Hohe Str. 2, www.restaurant-mayur.de).**

Und genau so ist Familie Knappheide auch bei Manns, dem Bootsgeschäft in der Carlstadt, verfahren. Es ist das Spezialgeschäft der Branche, weit über die Grenzen Düsseldorfs hinaus. Es fertigt Drahtseile, Netze, Takelagen, Strickleitern, wartet Rettungswesten und steht mit Rat und Tat zur Seite – immerhin kann es auf mehr als 170 Jahre Erfahrungen zurückblicken. Gleich am Parkhaus gegenüber vom Carlsplatz, dort, wo die goldene Ankerkette im vierten Stock gut sichtbar ist, befindet sich der Eingang zu Düsseldorfs einzigartigem Bootsgeschäft, das übrigens auch sehr schöne Geschenkideen hat: so etwa Schweizer Messer, schlingerfeste Teegläser und Tassen oder Glasenuhren. Das Angebot von schicker maritimer Kleidung, die man eigentlich überall tragen kann, lässt auch viele modebewusste Kunden den Weg hierher finden.

Manns Wassersport · Mo–Fr 10–18.30, Sa 10–17 Uhr · Benrather Str. 7b · 40213 Düsseldorf
Tel. 0211/13 38 11 · www.manns-wassersport.de · U-Bahn Benrather Straße

17 Die Senfhauptstadt Deutschlands – löwenstark

In Düsseldorf ist nicht nur das Altbier frisch gezapft, auch Deutschlands älteste Senfmarke, der ABB Mostert, wird abgezapft. Schon beim Landeanflug auf die Stadt sieht man den Löwensenf-Schriftzug: Hier wird der bekannte Senf hergestellt, und im Herzen der Altstadt kann man ihn probieren.

In allen Teilen Deutschlands findet sich der Löwensenf im Regal, entweder der grüne milde oder der rote »Extra«, der scharfe. Hier im Senfladen erlebt der Kunde allerdings die große Welt des Löwen. Neben scharfem, mittelscharfem, mildem und süßem Senf kann man auch den grobkörnigen, den mit Chili, Honig-Dill kaufen – oder lieber Curry-Mango oder Rotwein-Pflaume? Relativ neu im Sortiment sind auch die Löwensaucen, ideal zum Grillen oder fürs Fondue. Hinter der Theke stehen die großen Bottiche, aus denen der ABB Mostert gezapft wird. Die Kunden stehen Schlange und las-

Frisch in dekorative Tongefäße gezapft, ist Löwensenf ein prima Mitbringsel.

sen sich ihre Steinkrüge oder Gläser wieder auffüllen. Der Senf der Firma A.B.Bergrath wird seit 1726 in Düsseldorf hergestellt, es ist die älteste Senffirma Deutschlands. Richtig berühmt wurde der ABB allerdings 1884, als der niederländische Maler Vincent van Gogh auf seinem Bild »Stillleben mit Flaschen und Keramik« auch den Steintopf von ABB mit dem Anker verewigte. Die Traditionsgaststätten und Brauhäuser Düsseldorfs haben auch heute noch ein Töpfchen ABB Mostert auf ihren Tischen. Nimmt die Schärfe überhand, empfiehlt es sich, sie mit einem Glas Alt wegzuspülen. Ebenfalls frisch gezapft wird der mildere Radschläger-Senf.

▶ **Gleich gegenüber kann man bei »Giovanni L.« sizilianisches Pistazieneis und viele eigene Kreationen probieren. Mutige vor, die Altbier- und das leicht scharfe Lachseis testen möchten!**

Gleich neben dem Fass mit den Probiergläschen stehen Säcke mit Senfkörnern – einfach mal mit der Hand reingreifen und riechen! An den Wänden hängen Bilder und Texte, die anschaulich die Geschichte und Herstellung von Senf erzählen, daher wird der kleine Senfladen, der auch Fanartikel verkauft – die Tubenkostüme sind im Karneval sehr beliebt –, auch Senf-Museum genannt.

Düsseldorfer Senfladen · Mo, Di 10–14, 14.30–19, Mi–Sa 10–19 Uhr · Berger Str. 29
40213 Düsseldorf · www.loewensenf.de · U-Bahn Heinrich-Heine-Allee

Immer wieder ein Fest der Sinne: Einkaufen auf Düsseldorfs buntem Markt

Hier trifft sich Düsseldorf

An einem Samstag auf dem Carlsplatz hat man das Gefühl, die ganze Stadt versammelt sich. Dann herrscht in den engen Gängen reger Betrieb, und vor den Ständen bilden sich lange Schlangen, ganz nach rheinländischer Art quatscht jeder mit jedem, und die Marktschreier machen die Kakofonie perfekt.

Der Carlsplatz ist eine Institution. Haben im 18. Jahrhundert Napoleons Truppen noch auf dem Platz exerziert, ist er nach der Besatzung durch die Franzosen zu einem Marktplatz geworden. Heute kauft, wer was auf sich hält, auf dem Carlsplatz ein. Und das an sechs Tagen in der Woche, egal, wie das Wetter ist, denn der Markt ist seit 1990 überdacht. Die Auswahl ist groß, und der Markt ist an internationalem Angebot in der Stadt nicht zu überbieten. Trüffel aus Italien, fangfrischer Fisch, Geflügel vom Biohof, Südfrüchte das ganze Jahr, und das »Kartoffelhaus« bietet über 50 Sorten der gesunden Knolle. Auch einen Shop von »Lakridse«, einer echten dänischen Lakritz-Spezialität, findet man auf dem Marktflecken. Griechisches Olivenöl, türkische Mezze und Tiroler Spezialitäten neben Käse aus Holland. Wer's lieber deftig mag, kann zur Gulaschkanone ein Schumacher-Alt trinken und dem bunten Treiben zuschauen. Zwischen den exotischen Ständen, Blumenläden und Bäckereien fällt die »Kräuterhexe« ins Auge, nicht die mit dem schwarzen Schlapphut, sondern ein richtig guter Gewürzstand mit selbst gemischten Kräutern, z. B. für Soßen, Gurken oder auch Glühwein.

Und wem das alles noch nicht bunt genug ist: Ins Auge fallen auch die Stromverteilerkästen, die normalerweise trist und grau in der Gegend stehen, Nicht so am Carlsplatz. Hier wurden sie von Graffiti-Künstlern in Zusammenarbeit mit der Stadt toll gestaltet, jeder einzelne ist ein kleines künstlerisches Highlight. Um die Ecke, in der Berger Straße 18, dreht sich auch alles um Kunst. Im Schee kann man Siebdrucke und Drucke von mehr als 200 zeitgenössischen Künstlern erstehen, kombiniert mit schönen Wohnaccessoires eine spannende Adresse der schönen Künste.

Carlsplatz · Mo–Fr 8–18, Sa. 8–16 Uhr · www.carlsplatz-markt.de
U-Bahn Heinrich-Heine-Allee

//
19
Wein in der Bierstadt

Seit 2016 trinkt Düsseldorf »anderweinig«. Birgit Felzmann, eine der wenigen Frauen unter den Absolventen des »Wine Spirit Education Trust« in London, eröffnete nach 25er-jähriger Erfahrung im Weinbusiness in der Carlstadt ein wahrlich anderes Geschäft rund um die edlen Tropfen.

Bis 2015 war in diesem Haus die urige Traditionskneipe »Mylord« untergebracht, ein beliebter Treffpunkt Düsseldorfer Künstler und jedem Einheimischen ein Begriff. Nach mehr als 50 Jahren gab die Eigentümerin die Kneipe aus Altersgründen auf und schuf so Platz für Anderweinig. Das Erdgeschoss wurde komplett entkernt, und heute erinnert es nicht mehr an eine verrauchte Kneipe, sondern eher an einen edlen französischen Weinkeller.

Und um Wein dreht sich hier wirklich alles. Es sind besonders kleine, feine Weingüter aus Frankreich, Deutschland, Spanien und Italien, die es Birgit Felzmann angetan haben. Großer Wert wird auf Nischenprodukte gelegt, so gibt es hier z. B. den Sparkling Sauvignon Blanc aus Südafrika, einen versekteten Weißwein, der nicht oft zu bekommen ist. Auch seltene Rebsorten, die inzwischen aus der Mode gekommen sind, wie den trockenen Traminer Muskat Ottonel, findet man in Düsseldorfs anderer Weinboutique. Kulinarische Highlights warten auf Feinschmecker, wie Trüffelspezialitäten, Käse aus Südtirol, Wildschweinsalami und Rohmilchkäse aus Frankreich, Öle aus Italien, Schokolade aus Österreich, außerdem allerfeinste Obstbrände.

Die Hohe Straße 29 ist Treffpunkt der Weinkenner und derer, die es werden wollen. Partys zur Einführung neuer Tropfen werden gefeiert, wie zum Beispiel bei der Ankunft des Beaujolais Primeur. Das Afterwork-Tasting, das einmal im Monat stattfindet, wurde inzwischen zu einer Institution in der Carlstadt. Abgerundet wird das Angebot durch ständig wechselnde Seminare, denn Anderweinig versteht sich gleichzeitig auch als Weinschule: Ob Anfängerkurse, länderspezifische oder kulinarische Vorträge – es ist immer etwas los in Sachen Wein.

Anderweinig · Di–Fr 12–18.30, Sa. 11–18 Uhr · Hohe Str. 29 · 40213 Düsseldorf
Tel. 0211/43 63 88 99 · www.anderweinig.de · U-Bahn Benrather Straße

Hier kann man nicht nur probieren, sondern auch viel über Weine lernen.

Die Kreationen von Brigitte Roos machen nicht nur beim Pferderennen Furore.

Ein Hut für alle Fälle

Riesige Boxen auf dem Regal erinnern an vergangene Zeiten, an die Damen, die mit ihren Hutschachteln Kutschen besteigen. Tritt man in das Biedermeierhaus in der Bastionsstraße, sieht man jedoch eine moderne Kollektion von Hüten und Kopfschmuck jeglicher Art, und man freut sich, dass sich Frau wieder zum Hut bekennt!

Brigitte Roos ist eine der letzten Hutmacherinnen der Stadt und die einzige in der Carlstadt. Seit 26 Jahren ist sie mit ihrem kleinen, aber sehr feinen Salon in der Bastionsstraße angesiedelt. Ihre aufwendigen Kreationen sind mit viel Liebe zum Detail gefertigt und zeigen die einzigartige »Hutschrift« der Modistin. Im Sommer herrscht hier Hochbetrieb, dann ist nicht nur Saison für Hochzeiten, sondern auch die Pferderennen auf dem Grafenberg sind in vollem Gange, und hier trägt frau Hut! Dann sind leichte Materialien gefragt, und viel Stroh, egal, ob mit breiter Krempe, als Schlapphut oder Melone. Roos' Hüte sind alles Unikate, und jeder kann sich sehen lassen, ob mit handgefertigter Seidenrose, Edelweiß oder schlicht mit Schleife. Im Winter ist eher Filz angesagt, und auch diese Modelle gibt es in allen Formen und Farben. Ein weiteres Highlight sind Brigitte Roos' ausgefallene Strickmützen, die sie an langen Winterabenden selbst herstellt. Und ihre Kreationen an Bibis: eine Art von Haarreifen, die oft mit besonderem Aufwand sehr elegant dekoriert werden. Mit ausgefallenen Paradiesreiherfedern beispielsweise oder mit Spitzen, auch mit Blumen oder Schleifen. Weitaus leichter als einen Hut kann man solche Bibis gut zu jedem Anlass kombinieren, dabei sind sie individuell, aufsehenerregend und für jeden Typ Frau passend. Wer bei Brigitte Roos einen Hut bestellt, der bekommt einen »Freund fürs Leben«, denn sie weiß genau, wem was steht und wer was trägt und was gefällt. Ihr Credo: »Ein Hut passt, wenn man gar nicht merkt, dass man ihn aufhat.«

▶ **In der kleinen Trattoria »Pezzo«, in der Hohe Straße 23, kocht Mama noch selbst: bodenständige, köstliche italienische Gerichte, so etwa Rindercarpaccio oder hausgemachte Ravioli.**

Brigitte Roos Hutsalon · Bastionsstr. 23 · 40213 Düsseldorf
Tel. 0211/32 31 60 · U-Bahn Benrather Straße

Ruhig wohnen mitten im Geschehen

Ein Zuhause auf Zeit oder – wer will – auch gleich ein Leben lang. Das ist das Motto dieses modernen Stadt-Aparthotels in der Hohe Straße. Ausgestattet mit allen Annehmlichkeiten eines Sternehauses, liegt es mitten im Zentrum, in der Carlstadt und damit sozusagen am Puls der Zeit.

Die klassizistische Fassade des vierstöckigen Biedermeier-Stadthauses reiht sich schön und elegant in das allgemeine Bild der Straßenflucht der Hohe Straße ein. Einst ein Wohnhaus wohlhabender Düsseldorfer, ist es jetzt ein Aparthotel. Und Apart steht hier nicht nur als Abkürzung für Apartment – bei diesem Haus zählt Apartheit!

Betritt man das Foyer, lädt ein großes Sofa zum Verweilen ein, dahinter liegt der Frühstücksraum, in dem sich aber nur selten viele Gäste der 37 Zimmer finden, denn es gibt in jeder Wohnung eine Miniküche inklu-

Die begrünte Terrasse im ersten Stock des Aparthotels verbindet Vorder- und Hinterhaus.

sive Kühlschrank, Geschirr und Besteck, kleiner Kochstelle und Mikrowelle, Wasserkocher und allem, was das Reiseherz begehrt. Die Apartments sind unterschiedlich in der Größe, Einzimmerstudios gibt es ebenso wie Luxussuiten mit bis zu drei Schlafzimmern und einer eigenen Dachterrasse. Alle aber sind elegant und zugleich gemütlich eingerichtet, mit geschmackvollen Accessoires und Stoffen.

Wer hier eincheckt, wird auch über die Ruhe staunen, denn im ersten Stock werden die zwei Gebäude des Vorder- und Hinterhauses durch einen Garten verbunden, hier oben herrscht grüne Idylle pur, und das mitten in der City. Liegestühle laden den Besucher zum ausgedehnten Sonnenbad ein, oder man sitzt gemütlich am Tisch und genießt hier nach einem anstrengenden Stadttag einen lauen Sommerabend.

Das Aparthotel liegt mitten in der belebten Carlstadt, und dennoch kann man hier hervorragend abschalten. Dazu trägt auch ein Entspannungsbereich mit Sauna und Fitnessraum bei – wirklich empfehlenswert für ruhesuchende Stadtliebhaber, die gerne ganz ruhig mitten im Geschehen sind. Und ausreichend Parkplätze gibt es außerdem, ein riesiger Vorteil hier im Zentrum.

Apartmenthaus Hohe Straße · Hohe Str. 39–41 · 40213 Düsseldorf · Tel. 02111/86 22 11 00
www.apartmenthaus-hohestrasse.de · U-Bahn Heinrich-Heine-Allee

Überall schlagen sie ihr Rad, so auch am Brunnen auf dem Burgplatz.

Einen Pfennig für die Radschläger

Eine von Düsseldorfs ältesten Traditionen sind die Radschläger, heute leider nicht mehr so im Alltagsleben verankert wie noch vor 20 Jahren, doch findet alljährlich ein Radschläger-Wettbewerb statt, zu dem auch die Nachbarländer zum Kräftemessen kommen. Denkmäler für die Radschläger finden sich überall im Stadtbild.

Vermutlich geht der Brauch auf das Jahr 1288 zurück, als Düsseldorf die Stadtrechte erhielt, als die Erwachsenen jubelten und die Kinder vor lauter Freude Rad schlugen. Im Jahr 1937 fand dann das erste offizielle Radschläger-Turnier auf dem Carlsplatz statt. Schon damals kamen Reisende nach Düsseldorf, die ersten Messen wurden abgehalten, und die Kinder stellten bald fest, dass sie mit dem Radschlagen ein paar Pfennig dazuverdienen konnten, denn sie becirceten die Besucher mit dem Spruch »für eene penning schlag ich das Rad«. So bürgerte sich der Brauch ein.

Auch heute sieht man sie ab und zu noch, die Kinder, die Rad schlagen, auf der Königsallee oder in der Altstadt, aber natürlich herrscht auch bei Radschlägern Jetztzeit – heutzutage bitten sie um einen Euro. Größtenteils jedoch konzentriert sich diese Tradition auf den Wettbewerb alljährlich im Sommer auf der Rheinwerft, bei dem sich die Buben und Mädchen messen. Dann wird Rad geschlagen, was das Zeug hält, denn in erster Linie ist es ein Geschwindigkeitswettbewerb über eine Strecke von 15 bis 20 Meter.

Auch im Düsseldorfer Alltag und Stadtbild ist der Radschläger überall präsent: Neben dem Radschläger-Senf gibt es auch den Radschlägersaal in der »Rheinterrasse«, der Gast am Flughafen wird von einer abstrakten Radschläger-Skulptur empfangen (»Der Pylon« von Max Kratz), Kanaldeckel sind mit Radschlägern verziert und last but not least gibt es seit 1954 den Radschlägerbrunnen auf dem Burgplatz in der Altstadt mit dem schönen Zitat von Autor Karl Schlösser: »Radschläger wolle mer blieve, wie jeck et de Minschen och drieve« – Radschläger wollen wir bleiben, egal, wie verrückt die Menschen es treiben.

Radschlägerbrunnen · Burgplatz · 40213 Düsseldorf · Informationen zu den nächsten Radschläger-Wettbewerben auf www.aldeduesseldorfer.de

23 Wenn U-Bahnhöfe zu Kunstobjekten werden

Die sechs Bahnhöfe der 3,4 Kilometer langen Wehrhahnlinie wurden durch Installationen von Künstlern gestaltet, und jede Station ist auf ihre Art sehenswert. Bei dem innovativen Projekt waren die Künstler von Anfang an involviert und haben gemeinsam mit den Ingenieuren, Architekten und der Stadt geplant und entworfen.

Die 850 Millionen Euro teure Wehrhahnlinie wurde im Februar 2016 nach fast 15-jähriger Bauzeit eröffnet und bietet nun Erleichterungen im öffentlichen Verkehr. Sie sorgte aber auch für internationales Aufsehen und brachte Düsseldorf als Kunststadt weitere Pluspunkte ein.

Am Graf-Adolf-Platz gestaltete Manuel Franke einen begehbaren Farbraum. Die leuchtend grünen Glaskacheln der Wände wurden bereits bei der Fertigung mit schwarzen Linien, Wellen und Flächen versehen, die den Fahrgast von der Straße bis zum Untergrund begleiten. An der Heinrich-

Fließende Linien auf leuchtendem Grün begleiten die Rolltreppe unter dem Graf-Adolf-Platz.

Heine-Allee, an der sich alle U-Bahn-Linien kreuzen, hat Ralf Brög Sound-Korridore eingefügt, der Fahrgast erlebt die unterschiedlichsten Klänge. Besonders an einem sonnigen Tag flutet Tageslicht durch die Lichtschächte und gibt dem Untergrund Helligkeit. Der futuristische Bahnhof an der Benrather Straße erinnert an die Brücke eines Raumschiffs, auf der man von dreidimensionalen Planeten umringt ist, »Himmel oben – Himmel unten« nennt der Künstler sein Konzept. Heike Klussmann hat mit ihrem Schwarz-Weiß-Design unter der Pempelforter Straße ein neues Raumkonzept kreiert, man fühlt sich, als hätte man eine 3-D-Brille auf, wenn man die Wände betrachtet, die in den Untergrund führen. Ursula Damm schuf eine interaktive Installation, eine riesige LED-Wand zeichnet die Bewegung von Passanten auf und verwandelt sie in immer neue Gebilde und verschafft dem ganz in Blau gehaltenen Bahnhof Schadowstraße etwas Bewegendes. Enne Haehnle schrieb für die Station Kirchplatz poetische Texte, die aufgrund ihrer Dreidimensionalität nur aus bestimmten Winkeln lesbar sind. In keinem der Bahnhöfe gibt es Werbetafeln, da der Fahrgast hier bewusst als Mensch und nicht als Konsument gesehen werden soll.

Wehrhahn-Bahnlinie (Stammstecke 3) · Pempelforter Str., Schadowstr., Heinrich-Heine-Allee, Benrather Str., Graf-Adolf-Platz, Kirchplatz · www.wehrhahnlinie-duesseldorf.de

Von oben erkennt man die außergewöhnliche Architektur des Libeskind-Baus.
Ein Ort der Entspannung mitten im hektischen Stadtgeschehen

Kunstvoll: Architektur und Park am Ende der »Kö«

Stararchitekt Daniel Libeskind meinte: »Düsseldorf ist eine der großartigsten Städte der Welt, deshalb wollte ich hier etwas Positives machen.« Und das ist ihm gelungen mit dem Kö-Bogen, dem geschwungenen Haus mit der Glasfassade, kombiniert mit weißem Naturstein, unterbrochen von den hängenden Gärten.

Düsseldorf befindet sich im Wandel der Zeit, das merkt man an Projekten wie diesem: 2013 wurde der in die Denkmalliste der Stadt aufgeführte »Tausendfüßler« abgerissen, eine Brücke, die einst den Verkehr von Nord nach Süd fließen ließ, und die Verkehrsführung wurde in den Untergrund verlegt. Mit der Planung für die Neugestaltung der Achse zwischen der Prachtallee »Kö« und dem Hofgarten wurde der New Yorker Architekt Daniel Libeskind beauftragt. Der so entstandene Kö-Bogen bildet nun ein schönes Dreigestirn mit dem Schauspielhaus und dem hoch aufragenden Dreischeibenhaus im Hintergrund. Im Inneren befindet sich eine Shoppingmall, beherrscht von Edelmarken, und in der »Sansibar« genießt man die legendären Sylter Currywurst-Kreationen bei einem schönen Blick auf den See des Hofgartens.

Der große Platz um den Kö-Bogen ermöglicht einen autofreien Übergang in den Hofgarten, der übrigens der älteste Volkspark Deutschlands ist und bereits 1769 angelegt wurde. Die grüne Lunge Düsseldorfs bietet eine Auszeit vom hektischen Alltag – und darüber hinaus Kunstgenuss: Da sind z. B. das Schumann-Denkmal vor der Oper oder der »Röhrende Hirsch« von Jupp (Joseph) Pallenberg, einem der bekanntesten Bildhauer der Stadt, an der Kaiserstraße. Schön sind auch die beleuchteten Bänke von Stefan Sous: Die Leuchtstoffröhren, auf denen man sitzen kann, tauchen nachts die Bäume in helles Licht. Von Mai bis September gibt es sonntags um 11 Uhr Konzerte im Pavillon an der Reitallee, und der Park rockt, swingt oder wiegt sich zu klassischer Musik. Um mit Libeskind zu enden: »Jeder Ort braucht eine eigene Identität. Gerade in Zeiten der globalen Uniformität brauchen wir das, damit nicht die historischen Beziehungen und Kulturen verloren gehen.«

Kö-Bogen und Hofgarten · Mo–Sa 10–20 Uhr · Park durchgehend geöffnet
Restaurant »Sansibar« bis 23 Uhr · Königsallee 2 · 40212 Düsseldorf · U-Bahn Heinrich-Heine-Allee

25 Essen in der ehemaligen Telefonzentrale

Das Dreischeibenhaus ist das Denkmal des Wirtschaftswunders schlechthin. Der Stahlkonzern ThyssenKrupp hatte sein Hauptquartier in Deutschlands damals elegantestem Hochhaus untergebracht, und es wurde zu einem Wahrzeichen der Stadt – dem Sekretariat des Ruhrgebiets.

Gleich neben dem Schauspielhaus ragt das Wahrzeichen der Stadt knapp hundert Meter in die Höhe. 1960 eröffnete das Dreischeibenhaus, eines der ersten Stahlskelettbauten der Welt. Heute steht es unter Denkmalschutz. Seinen Namen erhielt das Gebäude durch die Architektur mit drei versetzt angeordneten »Hausscheiben«, wobei die mittlere mit 26 Etagen die höchste ist, die anderen beiden haben 22 Etagen. Nachdem Thyssen seine Zentrale 2010 zurück nach Essen verlegt hatte, war die Zukunft des Baudenkmals ungewiss.

▶ **Das Modehaus von Drathen schräg gegenüber (Berliner Allee 8) bietet seit 1980 Damenmode verschiedener Labels an. Die persönliche Beratung hat dem Haus im Lauf der Jahre viele Stammkundinnen beschert.**

Als dann Patrick Schwarz Schütte 2011 das Haus erwarb, kam neues Leben in die schlanke Dame. Er ließ das Gebäude von genau dem Architekturbüro restaurieren, das es damals gebaut hatte. Die Steinfliesen wurden aus demselben Steinbruch geholt, der schon damals den Gneis lieferte. Jetzt wurden damit erneut das Foyer und die ehemalige Telefonzentrale ausgestattet.

Und in ebendieser Telefonzentrale befindet sich eines der coolsten Restaurants und Bars der Landeshauptstadt: das »Phoenix« – »the place to be« in Düsseldorf, innovative Gastronomie, gepaart mit edlem Design. Küchenchef Florian Hartmann ist stets auf der Suche nach neuen Aromen. In der Beletage im ersten Stock gibt es mehrgängige Fine-Dining-Menüs bei maximal 20 Sitzplätzen. Ganz oben im Haus findet sich der neue Veranstaltungsbereich »Phoenix Twenty-Two«, im 22. bis 24. Stock, mit der höchsten Dachterrasse der Stadt. Und hier oben wird einem erst bewusst, wie schmal die mittlere »Scheibe« ist, hier hat nämlich gerade mal ein Konzertflügel Platz.

»Phoenix Bar und Restaurant im Dreischeibenhaus« · August-Thyssen-Str. 1 · 40211 Düsseldorf
Tel. 0211/30 20 60 30 · www.phoenix-restaurant.de · U-Bahn Heinrich-Heine-Allee

Weiter Blick vom Dreischeibenhaus – mit der höchsten Rooftop-Bar der Stadt

Angelika Tampier in ihrem Element als Hexe von der »Kö«

Die Hexe von der »Kö«

Die Prachtstraße Königsallee, »Kö« genannt, gehört weltweit zu den Hotspots, wenn es um Marken und Mode geht. Hier machen sich nicht nur Tiffany, Prada und Chanel Konkurrenz. Sehen und Gesehenwerden ist das Motto der Nobelmeile, die von Bäumen gesäumt wird, in denen die Kö-Papageien allabendlich ihr Konzert geben.

Und inmitten des ganzen Prunks und Pomps steht Angela Spook – nur wenige kennen ihren bürgerlichen Namen Angelika Tampier. Eine Hexe mit tiefschwarz geschminkten Augen. Als sei sie gerade dem letzten Harry-Potter-Film entsprungen, steht sie einfach nur da. Ganz still ist die Pantomimekünstlerin tagein, tagaus zwischen Schuh Prange und Dior zu sehen (Königsallee 30 und 48) und zwinkert nur, wenn man ihr eine ihrer schönen Kunstkarten abkauft. Spricht man sie an, kann man wunderbare Gespräche über Zen-Buddhismus, Meditation, Kunst und das Leben an sich führen.

Schon nach dem Abitur war Kunst das Höchste für Angelika, und nach einigen Seminaren an der Akademie beschloss sie, ihre eigene Kunst anzubieten. Zunächst als Clown – sie hatte eine Clownschule absolviert –, doch sie war auf der Suche nach etwas anderem. Eines Tages fand sie in der Auslage eines Warenhauses einen großen schwarzen Hut, der passte gut zu dem Mantel, den ihr Vater ihr just am Vortag geschenkt hatte. Und als ihr daraufhin noch ein Besen sozusagen in die Quere kam, schien es Fügung zu sein, fortan als Hexe aufzutreten.

▶ **Ganz im noblen Stil der nahen »Kö«: Kochkunst im »Victorian«, Königstraße 3a: Hummer Thermidor oder nur ein Stunden-Ei? Dann aber mit Trüffel! Lassen Sie sich überraschen von Sternekoch Matthias Hein.**

Sehr spannend ist ein Besuch in ihrer Atelierwohnung im Hinterhof der Ackerstraße 191 in Flingern. Hier malt die Künstlerin, hier hat sie ihr erstes Buch, »Biggibuggi im Frühlingswald«, geschrieben und illustriert. Angela lebt spartanisch. Sie will von ihrer Kunst existieren, doch ihr Verdienst lässt kein Handy, Fernsehen oder sonstigen Schnickschnack zu. Noch nicht einmal warmes Wasser oder eine Heizung gibt es im kleinen Hexenhäuschen im Hinterhof in Flingern. Für Zusatzeinkünfte tritt Angela manchmal auch zu speziellen Anlässen oder Festen auf.

27 Little Tokyo in der Landeshauptstadt

Sushi, Sake und Ramen – japanisches Flair unweit des Hauptbahnhofs. Der Geschmack Nippons lässt sich erahnen. Hier kauft man japanische Lebensmittel und Dekorationsgegenstände. Auf der Immermannstraße ticken die Uhren japanisch.

Die Immermannstraße, die vom Hauptbahnhof bis zum Martin-Luther-Platz verläuft, hat im Laufe der Jahre den Beinamen Little Tokyo erhalten. Das japanische Geschäftszentrum der Landeshauptstadt hat sich hier angesiedelt. Allen voran das »Hotel Nikko«, das Viersternehaus öffnete bereits 1978 seine Pforten und ist eines der führenden Geschäftshotels der Stadt. Der Sky Spa im elften Stock des Gebäudes lädt mit Sauna und Swimmingpool zum Entspannen ein. Ein Erlebnis ist die »Lime Light Karaoke Box« im Keller des Hotels, hier werden japanische und englische Klassiker geschmettert. Ganz nach japanischer Tradition ist Karaoke bei einem geselligen Zusammensein nicht wegzudenken, dazu fließen Sake und Altbier in Strömen. Die japanischen Geschäfte bieten neben Möbeln und Einrichtungsgegenständen auch geschmackvolle Wohnaccessoires an, daneben Hochzeitsboutiquen und Kimonoläden. Japanische Haushaltswarengeschäfte verkaufen alles, was man für die traditionelle Teezeremonie braucht – natürlich direkt daneben das Fachgeschäft für japanischen Tee. Die Lebensmittelläden stellen importierte Japanware zur Schau.

▶ **Auf der Oststraße 139 ist man beim Koreaner, der quasi inkognito bleibt: Im »Finanzämtche« wird deftiges koreanisches Essen unter deutschem Deckmantel serviert.**

Kulinarisch bieten die vielen Restaurants allerhand: Schon mal grünes Brötchen mit Bohnenfüllung gegessen? Der Renner der japanischen Bäckerei! Es gibt aber auch Ramen, Soba, Sushi, Teriyaki, ebenso das heiß begehrte, wenn auch kostspielige Kobe Beef. Rund um die Immermannstraße wird fernöstliche Küche großgeschrieben, auch viele neue Lokale haben eröffnet, darunter thailändische, koreanische oder laotische. Die Straße ist fest in asiatischer Hand.

Immermannstraße · 40210 Düsseldorf · U-Bahn Oststraße oder Hauptbahnhof

Ramen, eine köstliche Nudelsuppe, ist besonders mittags sehr beliebt.

Hautnah in der Kunstszene

An zwei Wochenenden im Herbst bieten die »Kunstpunkte Düsseldorf« die Möglichkeit, Malern und Bildhauern über die Schulter zu schauen und ihnen Fragen zu stellen, 2016 bereits zum 20. Mal. Damit verbunden sind die »Schmuckpunkte«, denn auch Goldschmiede und Schmuckdesigner sind einbezogen. Künstler öffnen an diesen Tagen ihre Ateliertüren, man kann sie dort besuchen – auf eigene Faust oder mit Shuttlebus – und live erleben, wie ihre Werke entstehen und was die Szene derzeit so zu bieten hat. Auch die darstellende Kunst ist dabei, ermöglicht wird der Blick hinter die Kulissen einiger Theater, dazu Off-Vorstellungen, die regen Zuspruch finden.

Kunst- und Schmuckpunkte Düsseldorf · an den ersten beiden Septemberwochenenden
Änderungen möglich · Infos unter www.kunstpunkte.de

Palmen im Straßenverkehr

Der Verkehr wälzt sich über den Stresemannplatz, oft steht man genau hier im Stau. Seit 2007 hat man dabei zumindest eine schöne Aussicht: Auf elf Verkehrsinseln sind Yuccapalmen aus Mexiko in Autoreifen eingepflanzt. Die Gestaltung des Areals geht auf niemand geringeren als die Landschaftsgärtnerin Tita Giese zurück, die unter anderen die »Hängenden Gärten« in München schuf und die Bepflanzung um die Deichtorhallen in Hamburg. Die Düsseldorfer Künstlerin gibt mit ihrem Werk dem Platz einen Hauch der großen weiten Welt, erinnern doch die Autoreifen in Verbindung mit Palmen auch an die Formel-1-Rennen in Monte-Carlo. So hat der Verkehrsknotenpunkt eine tolle Note bekommen – und nachts eine schöne Beleuchtung.

Tita Giese »Mittelamerikanische Verkehrsinseln« · Stresemannplatz · 40210 Düsseldof
Straßenbahn Stresemannplatz, Hauptbahnhof

Kunstpunkte gibt Künstlern wie Helga Weidenmüller Raum, ihre Werke zu präsentieren.
Der Stresemannplatz wurde von Tita Giese sehr außergewöhnlich gestaltet.

Die beste Wurst der Stadt wird mit handgemachten Pommes serviert.

Hier geht's um die Wurst – der leckerste Fleck der Stadt

30

In Berlin gibt es das erste Currywurst-Museum der Welt – in Düsseldorf das erste Currywurst-Restaurant, und das gleich zweimal. Nach dem Wurstrezept von Starkoch Robert Hülsmann, bietet das »Curry« die ultimative Wurst mit verschiedenen Soßen und handgemachten Pommes an.

Seit Jahrzehnten ist die Currywurst das beliebteste Gericht in Deutschland, mit mehr als 800 Millionen verkauften Stück pro Jahr läuft sie sogar Spaghetti Bolognese den Rang ab. Im »Curry« geht es um die Wurst. Die Idee des ersten Restaurants dieser Art in Deutschland entstand in Zusammenarbeit mit Robert Hülsmann, der bis Ende 1999 mit »Roberts Bistro« im Medienhafen in ganz Deutschland bekannt war. Er ist der kulinarische Kopf im Hintergrund und war an der Kreation der Soßen und der Auswahl der Metzger maßgeblich beteiligt, als er mit seinem Freund Jürgen Mauermann und dessen Frau den Plan realisierte. Mittlerweile gibt es zwei Niederlassungen in Düsseldorf.

▶ **Der nahe Rheinturm besitzt auf der der Stadt zugewandten Seite eine Lichtskulptur, die als größte digitale Uhr der Welt gilt: Von oben nach unten »gelesen«, wird die Uhrzeit erkennbar.**

Das »Curry« im Medienhafen bietet einen schönen Blick auf den Fernsehturm. Das Lokal gegenüber der Gehry-Bauten ist simpel eingerichtet. Hochlehner und Tresentische. Dahinter die hochglanzpolierte Wurstbraterei und Fritteusen. Draußen bei schönem Wetter Bierbankgarnituren. Hinweise an den Wänden preisen die Spitzenweine an. Natürlich fehlt es nicht an Bier, und jeden Monat gilt es, das aktuelle Bier des Monats zu testen. Man kann bei der Wurst nicht nur zwischen drei verschiedenen Schärfen entscheiden, sondern auch darüber, ob man lieber eine Brat- oder eine normale Currywurst haben möchte. Zu den handgeschnittenen Pommes trifft man dann noch eine Soßen-Auswahl: Die »Mayo des Monats« oder Erdnuss-Saté-Soße? Oder lieber ganz normale Mayonnaise? Vielleicht darf es auch Senf-Honig-Soße oder hausgemachte Aioli sein?

»Curry« · Nov.–Feb. tägl. 11.30–22 Uhr, März–Nov. So–Do 11.30–23, Fr, Sa 11.30–24 Uhr Hammer Str. 2 · 40219 Düsseldorf · Tel. 0211/33 28 57
www.curry-deutschland.de · Bus 726, 732 Rheinturm

31 After-Work-Party mit Panoramablick

Nicht nur die Lage des »Hyatt Regency Düsseldorf« – es ist das einzige Hotel auf einer Halbinsel der Stadt – macht es so einzigartig. Der öffentlich zugängliche Rive Spa bietet Deutschlands erste 4-D-Wellnessmassage und die Hotelterrasse während der Sommermonate die legendären After-Work-Partys an der Hafenspitze.

Noch bis vor sieben Jahren war auf der Halbinsel im Medienhafen die erste Strandbar der Landeshauptstadt eine gute Party-Adresse. Die Bauherren der Stadt hatten allerdings Größeres mit der Halbinsel – auch Hafenspitze genannt – vor. Seit 2010 stehen zwei 19-stöckige Edelbauten an der Stelle der ehemaligen Strandbar, die das Bild des Medienhafens maßgeblich prägen. Der rechte der beiden, vom Land aus gesehen, beherbergt das Hotel »Hyatt Regency Düsseldorf«, mit spektakulärem Blick auf die moderne Architektur des Medienhafens, die Kniebrücke und den Fernsehturm. Im Sommer findet bei schönem Wetter jeden Dienstag auf der großen Außenterrasse des »Hyatt« eine After-Work-Party mit bester Aussicht statt. Von der Terrasse an der Hafenspitze führen Treppenstufen hinunter zum Rhein, die mit bunten Kissen ausgelegt werden, hier kann man dann mit seinem Drink in der Hand bei Chill-out-Musik den Panoramablick über den Fluss bewundern. Auch auf der kleinen Rasenfläche liegen Sitzkissen, man kann die Füße hochlegen und den Feierabend genießen. Zu Cocktails, kühlem Bier und Wein gibt es Grillhäppchen und Tapas. Ab 17 Uhr legt DJ AXLNT auf und zieht wöchentlich bis zu 800 Menschen an, die alle die chilligste After-Work-Party Düsseldorfs besuchen. Wer noch mehr Entspannung sucht, der sollte unbedingt den Rive Spa und das Fitnesscenter des Hotels besuchen: Der exklusive Spa bietet die einzigartige 4-D-Wellnessmassage, eine Massageliege, die durch acht verschiedene Positionen ein Gefühl der Schwerelosigkeit beim Massieren erzeugt – *chill as chill can!*

▶ **Köstlichkeiten der chinesischen Küche bietet das Restaurant »Böser Chinese« auf der anderen Seite der Fußgängerbrücke im Medienhafen, Zollhof 13.**

»Hyatt Regency« · Speditionsstr. 19 · 40221 Düsseldorf · Tel. 0211/91 34 12 34
www.hyatt.com · Bus 726, 732 Rheinturm

Das Doppelhochhaus basiert auf einem Kubus, in dessen Mitte ein Drittel des Volumens freigelassen wurde.
Bei der Eröffnung 1896 galt der Hafen als fortschrittlichster Europas. Heute dominiert moderne Architektur.

Schräg ragt Günther Ueckers riesiger Nagel aus dem Boden vor den Kö-Bogen.

All about Nails

In Düsseldorf muss man für Kunst nicht unbedingt ein Museum besuchen. Einige Skulpturen von sind einfach Teil des Stadtbildes. Viele Menschen laufen achtlos daran vorbei, ohne zu wissen, dass sie von international anerkannten Künstlern geschaffen wurden. Ein Beispiel sind die Werke Günther Ueckers.

Der Künstler wurde 1930 in Pommern geboren, kam in den 1950ern nach Düsseldorf, studierte bei Otto Pankok und unterrichtete von 1974 bis 1995 als Professor an der Kunstakademie. Weltruhm erreichte der heute 86-Jährige durch seine Nagelreliefs. Der Nagel nicht als Mittel der Zerstörung, sondern als Möglichkeit, neue Oberflächen zu bilden. »Da muss ein Nagel reingeschlagen werden, damit Widerstand erzeugt wird …, sodass Kunst eindringen kann in die Banalität von Leben«, erklärte Uecker.

In Düsseldorf erkundet man Uecker am besten ausgehend von seinem Atelier im Medienhafen am Ueckerplatz. Auf dem Platz der Medien gestaltete er Sitzbänke für die Hafenlichtspiele. Weiße Kiesel am Boden sollen den Fluss des Rheins nachahmen. Schon 1981 errichtete der Künstler die Lichtsäule vor dem alten Fernmeldeamt am Graf-Adolf-Platz, gleich gegenüber vom GAP-Hochhaus. Man nennt die 26 Meter hohe Skulptur, die nach oben schmaler wird und ihre Stacheln seitlich ausfährt, auch Fernmeldekaktus – hier wird Licht mit der Nagelform kombiniert. Die Nagelbäume in den Düsseldorf-Arcaden schuf Uecker aus dem Stamm einer Linde: Er wurde in drei Teile zersägt, diese wurden dann teilweise weiß bemalt und an ihren oberen Enden mit Hunderten von langen Nägeln versehen – man meint fast, die Bäume würden ausschlagen und so für ein wenig Natur in der Konsumwelt sorgen. Der Uecker-Nagel am Kö-Bogen wiederum soll an die Kohle und Stahlindustrie im Ruhrgebiet erinnern; Düsseldorf wurde als vornehmer Schreibtisch des Ruhrgebiets bezeichnet, denn hier befanden sich dessen große Verwaltungszentralen. So deutet der riesige Nagel den Gegenpol des Handwerks zum schicken Ambiente der Landeshauptstadt an.

Günther Uecker · Atelier Ueckerplatz · 80221 Düsseldorf · Bus 701 Münsterplatz

33 Das Leben ist zu kurz für schlechte Schokolade

Die kleine Chocolaterie in der Lorettostraße ist ein Muss für jeden Schokoladenfan. Edelste Kakaobohnen treffen hier auf spannende Aromen. In der Auslage handgeschöpfte Tafeln, Schokoladentartes und Pralinensorten der anderen Art – der süßeste Genuss des Viertels.

Betritt man die Chocolaterie Bittersüß & Edelweiß, hat man schon den unvergleichlichen Geruch von Kakao in der Nase. Schon mal Ingwerpralinen gegessen oder Fleur de Sel? Zu herb? Wie wäre es mit Rosmarin- oder Kaffeenoten? Natürlich ist auch Klassisches zu haben, etwa Nougat oder Marzipan.

Die Chocolaterie von Kathrin (Kat) Lohaus ist neu und innovativ, denn der Kunde hat den kompletten Einblick in die Produktion und kann bei der Herstellung sämtlicher Produkte zuschauen. Die Konditormeisterin hat schon in ihrer Ausbildung ihre Liebe zur Schokolade entdeckt und ihr Wissen in Seminaren vertieft. Mit der Eröffnung ihrer eigenen Chocolaterie im September 2015 erfüllte sich Kat einen Traum. Alle Produkte sind handgemacht, aus besten Zutaten und ohne Konservierungsstoffe. Kat schwärmt von ihrer Leidenschaft zu Kakao und davon, wie vielseitig er zu verarbeiten ist. Dann erzählt sie leise von ihrem Großvater, dem gelernten Bäcker, mit dem sie viele neue Ideen ausprobierte. Er legte den Grundstein zu ihrer Ausbildung. Und Kat ist Konditorin mit Leib und Seele. 2014 qualifizierte sie sich sich für die deutschen Meisterschaften der Chocolatiers und erlangte den Titel »Vize German Chocolate Master«. Unter anderem wurde sie für ihre Praline »Glückauf« – karamellisiertes Pumpernickel und Apfelmus als Füllung – ausgezeichnet.

Mehrmals im Jahr gibt sie Seminare, jeder Teilnehmer stellt seine eigenen Pralinen her, und nach fünf Stunden harter Arbeit kommt man endlich in den Genuss des Produktes. Die Kurse sind beliebte Geschenke für Naschkatzen. Zur Weihnachtszeit werden auch Hexenhaus-Seminare angeboten – natürlich nicht aus Lebkuchen, sondern aus Schokolade. Knusper, knusper, Knäuschen, heißt es dann bittersüß!

---

bittersüß & edelweiß · Di–Fr 10–18, Sa 10–14 Uhr · Lorettostr. 41 · 40219 Düsseldorf
Tel 0211/41 60 67 71 · www.bittersuess-edelweiss.de · Bus 732, Bahn 708 Polizeipräsidium

Kat Lohaus lebt ihren Traum und präsentiert stolz ihre handgemachten Pralinés.
Bei der großen Auswahl ist sicher für jeden etwas Leckeres dabei.

Schlicht und rustikal zugleich mutet die Männerkollektion von van Afferden an.

Das Männerkaufhaus in Düsseldorf

Uwe van Afferden passt ins Lorettoviertel, wie die Brauerei »Füchschen« in die Altstadt. Er hebt sich als Kaufhaus des Mannes von den vielen Vintageläden der Umgebung ab, mit den selbst entworfenen Möbeln und der ausgefallenen Herrenkollektion. Man(n) findet alles, vom geknöpften Unterhemd bis zum Sessel aus Stickbildchen.

In dem Männerkaufhaus wirkt es eher wie in einem Wohnzimmer: gemütliche Sessel, eine Chaiselongue mit weißblauem Stoff, gefertigt aus Mehlsäcken. Dazwischen schön dekorierte Tische. Die Schränke an den Wänden sind wahre Hingucker – schwarze Gründerzeitbuffets mit silbernen Elementen, in denen ausgewählte Spirituosen stehen. Praktisch sind auch seine Sofas mit den Schubladen darunter. Zwischen den Möbeln, den Vintage- und Designobjekten stehen Regale mit ausgewählten Herrenkollek-tionen. Alles für den Mann, der nicht mit dem Strom schwimmt. So, wie die lässigen Leinenanzüge: Sie sind aus handgewebten Mangeltüchern gefertigt – Leinen knittert edel. Alpaka-Strickjacken aus der hauseigenen Manufaktur sind ebenso Teil des Sortiments wie Anzüge aus derberen Materialien, Ledertaschen aus Japan, geschmackvolle Accessoires, Gürtel, Manschettenknöpfe, handgemachte Hüte, aber auch edle Tropfen und besondere Parfüms. Alles handverlesen, es wird auf Nachhaltigkeit, Handwerk und Tradition geachtet. Um es mit den Worten von Uwe van Afferden, dem Illustrator, Gestalter und Herausgeber, zu sagen: »Alles, was wir verkaufen, wird mit der Zeit schöner, egal ob Möbel oder Klamotte. Erst das Einleben, das eigenständige Patinieren, macht ein schönes Teil zum absoluten Lieblingsstück.«

2012 brachte van Afferden die erste Ausgabe von »The Heritage Post – Magazin für Herrenkultur« auf den Markt, das sich gegen die Schnelllebigkeit der Dinge ausspricht und für hochwertige Produkte und einen durchgängigen Stil in allen Lebensbereichen. Seither erscheint das Magazin vierteljährlich. Neuerdings gibt es auch die »Interior Post« für Wohnbegeisterte; beide Zeitschriften fallen durch ihre wunderbar gestalteten Cover auf.

Uwe von Afferden · Mo–Fr 11–19, Sa 11–16 Uhr · Lorettostr. 35 · 40219 Düsseldorf
Tel. 0211/55 21 32 · www.van-afferden.com

35 Die Seele baumeln lassen

Bei Düsseldorfs Wellnessfriseur kann man sich richtig entspannen, man gibt sich den geübten Fingern von professionellen Kosmetikerinnen und Masseuren hin und bekommt gleichzeitig auch noch einen Haarschnitt aus Meisterhand. Für kurze Zeit kann man aus dem hektischen Alltag entschwinden und bei leiser Meditationsmusik eintauchen in die Welt der Düfte und Naturkosmetik. Und die Bandbreite ist groß: Entweder man gönnt sich einfach nur eine Gesichtsbehandlung, oder man legt eben gleich einen ganzen Wellnesstag ein, alleine oder zu zweit. In den abgeschirmten Räumen hinter dem eigentlichen Salon scheint das tägliche Leben weit entfernt zu sein.

Combination · Elisabethstr. 52a · 40217 Düsseldorf · Tel. 0211/34 16 84 · www.combination.de
U71 U72 Kirchplatz · Filiale in Kaarst-Vorst, St.-Eustachus-Platz

36 Ein Bauernhof mitten in der Stadt

Der Südpark wurde erst 1986 zur Bundesgartenschau eröffnet. Aus einer stillgelegten Kiesgrube und einem Industriegebiet entstand ein großer Park, der mit dem Volksgarten verbunden wurde. Hier befindet sich die einzige öffentlich zugängliche Nutztierhaltung der Hauptstadt, wo Stadtkinder Einblick ins bäuerliche Leben bekommen. Sie sehen Doris, das Schwein, das sich genussvoll im Dreck suhlt, umringt von den niedlichen Ferkeln. Ponys, Ziegen und Schafe kommen ans Gatter und holen sich Streicheleinheiten ab. Das liebevoll restaurierte Anwesen verfügt über einen Hofladen und einen Kräuterlehrgarten. Der Hof wird von der Werkstatt für angepasste Arbeit geführt, die Menschen mit Behinderung die Möglichkeit zur Beschäftigung gibt.

Bauernhof Südpark · Di–So 8–16.30 Uhr · In den Großen Banden 58–60 · 40225 Düsseldorf
U71/73/79/83, Bahn 704 Südpark

Beim Wellnesscoiffeur wird man mit ausgewählten Naturprodukten verwöhnt.
Mit Nutztieren auf Du und Du im Südpark – für Stadtkinder ist das immer etwas Besonderes.

Eine Führung durch das Museum eröffnet die faszinierende Welt der Bonsais.

Wo Minibäume Ferien machen

37

Ein Besuch im Bonsai-Museum in Kappeshamm, wie die Einheimischen den Stadtteil Hamm aufgrund seiner vorherrschenden Landwirtschaft nennen, ist wie ein kleiner Ausflug in einen japanischen Garten. Geht man am Wohnhaus vorbei, gelangt man in einen verwunschenen, mit Bambus gesäumten Garten.

Der Biologe Werner Busch entdeckte schon früh seine Liebe zu den Minibäumen und hat viel über sie zu erzählen. In Europa wird diese japanische Kunstform oft belächelt. Werner Busch hat es sich daher zur Aufgabe gemacht, zwischen den beiden Kulturen zu vermitteln. Hinter seiner Werkstatt gelangt man in eine Ausstellung, die alles Wissenswerte über die Bäumchen erzählt. Wunderschöne Exemplare, mit viel Liebe geschnitten, bunt blühende Azaleen, Mini-Apfelbäumchen, winzige Ahornbäume gibt es zu bestaunen. Einen Bonsai, den »Baum im Topf«, hat man ein Leben lang, er begleitet seinen Besitzer durch gute und schlechte Zeiten, aber er braucht intensive Pflege, und das fast täglich. In Japan gilt er als Familienmitglied, am Ende eines Lebens wird er an die nächste Generation weitergegeben. Bei Ahnenfeiern wird auch der Bonsai dazugestellt, um die Ahnen zu ehren. Nicht nur ein fernöstlicher Baum kann ein Bonsai werden, auch heimische Arten eignen sich hervorragend. Schon mit einem Jahr wird die Jungpflanze mit ihrem ersten Wurzelschnitt auf die »Karriere« als Bonsai vorbereitet, ab dem zweiten Lebensjahr werden die Gestaltungsmerkmale, Stamm- und Baumkronenform, festgelegt.

▶ **Weiter an der Straße entlang in Richtung Rhein liegt im alten Ortskern in einem Haus aus dem 17. Jahrhundert das Restaurant »Bruderhaus«. Hier gibt's gute und deftige rheinische Kost.**

Und wenn es mal nicht so klappt und der Bonsai seine Blätter hängen lässt, kann man zu Werner Busch kommen, der Bonsai-Doktor weiß meist Hilfe. Neben Führungen durch die Ausstellung und dem Verkauf von alten Bäumen und Jungpflanzen hält er auch zahlreiche Workshops, steht jederzeit mit Rat und Tat zur Seite – und nimmt in Urlaubszeiten Bäume in Pflege.

Bonsai-Museum Düsseldorf · Hammer Dorfstr. 167 · 40221 Düsseldorf · Tel. 0211/30 67 73
Mo–Fr 14.30–18.30, Sa, So 11–17 Uhr · www.bonsai-museum.de

Ela – mehr als Mode

Eintauchen in die elegante Welt der Haute Couture und des außergewöhnlichen Designs, neue Modelabels mit Potenzial aus erster Hand entdecken: Lifestyle-Accessoires, Kunst und jede Menge Stil bietet die elegante Boutique Ela.

Gabriela Holscher-Di Marco eröffnete 1977 Ela selected am Fürstenplatz. Sie wollte schon damals Zeichen setzen und in ihrer Boutique nicht nur Mode, sondern auch Lifestyle verkaufen. Damit war sie die Vorreiterin in der aufstrebenden Modestadt Düsseldorf. In den 1970ern importierte sie original Levi's aus den USA, zusammen mit anderen Labels, die nur im Land der unbegrenzten Möglichkeiten erhältlich waren. Selbst Autos brachte sie auf ihren vielen Reisen nach Deutschland. Sie war eine der ersten bundesweit, die Labeln wie Vivienne Westwood und Gaultier Raum in ihrem Sortiment gab. Die Band Kraftwerk fand ihre Hemden und Krawatten für das Cover

Schon seit 40 Jahren ist Ela eine feste Größe in der Modestadt Düsseldorf.

zu »Mensch Maschine« (1978) bei Ela. Und die Toten Hosen staffieren sich regelmäßig bei ihr aus.

Ela agiert modeübergreifend – bei ihr ist immer auch Raum für Kunst. So haben unter anderem Jan Schüler und Frank Bauer ausgestellt, heute hängen deren Werke in berühmten Museen und erzielen Spitzenpreise auf dem Kunstmarkt. Neben jungen Künstlern dürfen auch junge, ambitionierte Modemacher ihre Kollektionen bei Ela präsentieren. Trendige Accessoires, erlesene Schuhmode aus Italien, Parfümkreationen, Beauty- und Lifestyleprodukte finden bei ihr einen Platz.

Bereits seit 2011 befindet sich Ela selected in dem ehemaligen Fabrikgelände Liesegang, einst ein Hersteller für Projektionstechnik, in Unterbilk. Ambiente und Umfeld bieten der Inhaberin und ihrem Mann Antonio den idealen Raum für ihre Visionen, haftet der Gegend doch ein gewisser Boheme-Stil an, mit den vielen Cafés, Galerien und Boutiquen. Und hier entstand auch die erste eigene Kollektion von Ela. Klare, geometrische Formen aus Quadrat, Kreis und Kreuz sind die Grundschnitte der Unisex-Entwürfe, die dann individuell anpassbar sind, indem man sie rafft oder bindet. Und alles lückenlos und nachhaltig »made in Germany«.

ELA selected · Di–Fr 11.30–19 Uhr, Sa 11–17 Uhr · Volmerswerther Straße 21 · 40221 Düsseldorf
www.ela-selected.com · S8 Völklinger Straße

Der Fantasie sind beim Gestalten der Keramik keine Grenzen gesetzt.

Eigenlob stinkt? Nicht in der Friedrichstadt!

Wer erst einmal eine Keramik, die er selbst bemalt hat, in der Hand hält, der ist stolz darauf. Und genau das ist das Motto von Eigenlob: Man darf sich freuen über das Werk, das man geschaffen hat. Auch wenn es nur aus einem Häufchen Ton besteht.

Man sucht sich aus, was man bemalen möchte, die Auswahl reicht von Tellern, Tassen, Schalen, Milchkännchen, Zuckerdosen, zu Kannen und Bechern und was sonst noch alles zum Geschirr zählt. Außerdem gibt es auch kleine Tierfiguren sowie andere Dekorationsgegenstände, etwa Vasen und ausgefallene Schalen und Teller. Hat man die Auswahl des Rohlings getroffen, hat der angehende Künstler jetzt die Qual der Wahl: Es gibt rund 15 einfache Techniken, die man anwenden kann, außerdem mehr als 50 Farbtöne, oft nur in Nuancen unterschiedlich. Jetzt beginnt das Bemalen des guten Stücks. Man füllt die Farbe selbst aus den Tuben in die Gefäße, setzt sich an seinen Malplatz – und los geht's. Hier entsteht ein kunterbunt gefleckter Hund, dort ein kunstvoll verzierter Teller und gegenüber wiederum eine Tasse mit der Lieblingsblume und dem Namen der besseren Hälfte. Danach wird das persönliche Kunstwerk im Ofen gebrannt und steht fünf Tage später zum Abholen bereit. Vor Muttertag herrscht Hochbetrieb,

▶ **»Pesto da Paolo«** ist eine innovative Pizzeria auf der Pionierstraße und punktet mit Spezialpizzen mit extra dünnem Teig. Und auch sonst schmeckt es in der einfachen Wirtschaft!

denn woran hat Mami mehr Freude als an etwas Selbstgemachtem, das sie auch noch täglich benutzen kann? Das Bemalen der Keramik ist facettenreich und nicht nur für Kinder interessant, auch Erwachsene kommen mehr und mehr und genießen gemeinsam die Kreativität. Das Eigenlob ist Treffpunkt für viele Junggesellenabschiede geworden, auch Grüppchen von Schulabgängern gestalten gern etwas Gemeinsames, um es dann als Erinnerung mit auf ihren Weg zu nehmen. Teambuilding-Seminare finden hier ebenso statt wie Workshops für Anfänger und Fortgeschrittene, so zum Beispiel Malen nach Vorlagen von Joan Miró.

Eigenlob · Mi–Fr 11–19, Sa 11–18, So 13–18 Uhr · Hüttenstr. 61 · 40215 Düsseldorf
Tel. 0211/239 23 11 · www.eigenlob-keramik.de · Straßenbahn 701 Corneliusstraße

Für die Kleinsten vom Feinsten: Puppentheater

1978 eröffnete das Puppentheater zum ersten Mal seine Pforten und entführte von nun an die Kinder in ferne Märchenwelten. In den letzten 40 Jahren entstanden mehr 50 selbst geschriebene Stücke, und das Theater ist Heimat von rund 400 Puppen. Auch sie wurden in Eigenarbeit geschaffen, ebenso die Kostüme, Bühnenbilder und Requisiten. Wie in einem »richtigen« Theater wird live gesprochen, die Puppen reden auch mit den Zuschauern. Auf diese Weise wird größtmögliche Interaktion gefördert, und Kinder bekommen so schon früh Kulturverständnis. Außerdem bietet das Puppentheater eine mobile Bühne an, die für Veranstaltungen gebucht werden kann.

Puppentheater Helmholtzstraße · Helmholtzstr. 38 · 40215 Düsseldorf · Tel. 0211/27 34 01
www.puppentheater.de · Straßenbahn 704, 707 Helmholtzstraße

Alternativ-Theater Takelgarn

Durch eine schmalen Hausflur tritt man ein ins Takelgarn und vermutet nicht, dass mehr als 20 verschiedene Ensembles und Einzeldarsteller ihr Können in dem kleinen Off-Theater zeigen, das nur in einer Wohnung untergebracht ist. Die rund 60 Sitzplätze bieten ein überschaubares Publikum, und wer hier hinkommt, der genießt diese Boheme-Atmosphäre, mit dem Künstler auf Du und Du zu sein. Ob Kabarett, Zauberaufführungen oder Transvestitenshows, alle Genres waren schon zu Gast auf der nur 24 Quadratmeter großen Bühne. Im Sommer wird auch mal spontan auf der Straße gespielt – und dazu ein frisches Bierchen gezapft. Legendär ist die Silvesterparty, für die man aber schon vor Oktober Karten bestellen sollte.

Theater Takelgarn · Philipp-Reiss-Str. 10 · 40215 Düsseldorf · Tel. 0211/21 29 93
www.kabarett-duesseldorf.org · S28 Friedrichstraße, Bus 736

Für kleine Kinder erzählt das Puppentheater Märchen auf interaktive Art.
Klein, aber oho! Im Theater Takelgarn ist man ganz nah am Geschehen.

Volksgarten: Vielseitigkeit im Grünen

Natürlich ist der Volksgarten in erster Linie ein Naherholungsgebiet und die grüne Lunge mitten in der Stadt. Er hat aber auch kulturell einiges zu bieten. So tritt Manes Meckenstock hier regelmäßig auf, Rinkens schuf sein »Zeitfeld«, und im Sommer gibt's Sommersprossen. Für Kinder sind nicht nur die Wasserspiele interessant.

Der Düsseldorfer Volksgarten wurde im Zuge einer Stadterweiterung im ausgehenden 18. Jahrhundert angelegt, mit seinen breiten Wegen und großen Wiesen lädt er zum Joggen, Radfahren und Spazierengehen ebenso ein wie einfach nur zum Schmökern im Gras. An heißen Tagen ist der Park der Hit für Kinder, dann können sie sich auf dem Wasserspielplatz so richtig austoben. Wasserspeiende Drachen, sprudelnde Vulkane zwischen steinernen Palmen – hier darf gespritzt und geplantscht werden. Am großen See bietet das »Kurhaus« eine gute Auswahl an Speisen und einen herrlichen Ausblick von der Terrasse aus. Auf der anderen Seite fällt der Blick aufs »Bootshaus« (nur sonntags geöffnet). Hier tritt unter anderem Manes Meckenstock mit Soloprogrammen auf, der Komiker aus »7 Tage, 7 Köpfe« und »Zimmer frei!«. Oder er legt als DJ Musik der letzten 70 Jahre auf und veranstaltet das »Mumienschieben«, ganz ohne Karten und Eintritt. Westlich des Sees steht das »Zeitfeld«, ein Kunstwerk, das Klaus Rinke anlässlich der BUGA 1986 errichtete. Vergänglichkeit wird durch 24 Bahnhofsuhren auf Säulen dargestellt, sie zeigen alle die gleiche Zeit an, sind sie doch mit der Mutteruhr verbunden und diese mit der Atomuhr in Braunschweig. Auf der Ostseite des Parks, an der Siegburger Straße, liegt das AKKI – Aktion und Kultur mit Kindern, mit interessanten Programmen, Sommerlagern, Theater und vielem mehr. Höhepunkt im Sommer ist der Biergarten »Vier Linden«. Dann findet das Sommersprossen-Open-Air statt, und mehrere Wochen hindurch gibt es Filme, Konzerte und Ausstellungen.

▶ **Liebhaber von Craft-Bieren finden bestimmt etwas bei »Britische Biere«. Der Spezialist für britische Mikrobrauereien liegt gleich auf dem Weg zur Haltestelle (Emmastraße 25).**

Volksgarten und »Kurhaus Düsseldorf« · Auf'm Hennekamp 101 · 40225 Düsseldorf
Tel. 0211/311 33 71 · www.kurhaus-duesseldorf.de · Straßenbahn 705 Gangelsplatz

Die Uhren des Zeitfeldes sind alle aufeinander abgestimmt.

Afrika liegt manchmal auch in Düsseldorf.

»Hotel am Volksgarten«: Individuell in Oberbilk

Abseits der lauten Verkehrsstraße, nur ein paar Gehminuten vom Volksgarten und gerade mal vier Kilometer vom Medienhafen und der Innenstadt entfernt, liegt das kleine, feine Art-and-Boutique-Hotel. Mit lediglich 16 Zimmern garantiert es Ruhe und »a home away from home«.

Das privat geführte Hotel in einem ehemaligen Mehrfamilienhaus aus der Gründerzeit unterwirft sich nicht der DEHOGA-Klassifizierung, sondern ganz eigenen Vorstellungen! Oberstes Ziel von Jürgen Füser und Thomas Dohmen ist das Wohlgefühl der Gäste. Schon von außen strahlen die Deckenlampen und die beleuchteten Fenster wohlige Wärme aus, und betritt man das »Hotel am Volksgarten«, fühlt man sich direkt geborgen. Die kleine Lobby liegt gegenüber dem offenen Treppenhaus, das zu den Zimmern führt. Und diese sind von Individualisten für Individualisten gestaltet. Die kleinsten, die »Kabuffs«, bieten Platz für eine Person, ob Dekoration im Landhausstil oder lieber »very british« entscheidet der Gast. Die Doppelzimmer variieren: asiatischer Charme, die Wildheit Afrikas, eine eher nüchterne Hommage an Stan Laurel und Oliver Hardy oder der Pomp im Stil Ludwigs XVI. Auch Hunde sind willkommen, sie bekommen

▶ **In der kleinen Trattoria »Via Appia«, nur ein paar Häuser weiter, geht es rustikal italienisch zu, das Carpaccio mit Senf-Dill-Soße passt wunderbar zu den hausgemachten Tagliatelle.**

nebst einer Runde Wurst auch ein Handtuch und Fressnäpfe, und der Erlös der Zusatzkosten geht an eine Tierschutzeinrichtung. Individuell ist auch der Blumen-Service: Bereits vor der Anreise kann man sich einen Strauß ins Zimmer bestellen. Der Frühstücksraum macht schon am Morgen gute Laune, leise klassische Musik untermalt das stilvolle Art-déco-Ambiente mit Drucken von Audrey Hepburn, und man fühlt sich gleich wie in »Frühstück bei Tiffany«. Das Büffet ist reichhaltig, ob deftig, süss oder körnig. Bei der Buchung erhält der Gast einen Schlüsselcode, sodass man auch unabhängig von den Öffnungszeiten der Rezeption jederzeit ein- und auschecken kann.

»Hotel am Volksgarten« · Flügelstr. 46 · 40227 Düsseldorf · Tel. 0211/72 50 50
www.hotel-am-volksgarten.de

Kirche im Wandel der Zeit

Die Kirche als Schnittpunkt von Kunst und Glauben. Weg vom dogmatischen Glaubensgefüge und hin zu Spiritualität, Offenheit und sozialer, politischer und persönlicher Bildung. Das ist es, was die Christuskirche ausmacht. Durch ihren Mut zur Andersartigkeit ist sie auf dem besten Weg, eine Institution in Oberbilk zu werden.

Die evangelische Christuskirche in Oberbilk, einem Stadtteil mit hoher Migrationsdichte und einem überdurchschnittlich großen Anteil junger Erwachsener, muss sich behaupten im Großstadtdschungel. Ein innovatives Team von Menschen der Gemeinde und der ganzen Stadt aber lebt hier Reformation, anstatt nur darüber zu reden. Sie sehen in den Menschen mündige Christen und lassen ihnen den Raum, Glauben auf ihre eigene Art zu leben.

▶ **In der Flügelstraße um die Ecke liegt die »Kassette«. Zwischen Backsteinwänden lässt es sich bei guter Musik, Spielen und Fussball-Events gemütlich zusammensitzen.**

Und das machen sie mit einer ganzen Reihe innovativer Veranstaltungen bravourös. Neben klassischen Gottesdiensten, Konfirmandenunterricht, Seniorenarbeit und allem, was zum Kirchenalltag gehört, bietet die Christuskirche ein breites kulturelles Angebot. So die »Vinylpredigten«: Zu einem vorgegebenen Thema spielt der Schallplattenaufleger Haru Specks Musik und erzählt dazu Anekdoten und Geschichten. Oder die Off-Church, ein Format, in dem Don Trosi der Literaturszene der Stadt eine Bühne bzw. einen Altarraum gibt. Es finden Orgelkonzerte ebenso statt wie Adventskonzerte der Gemeindemusiker. Der Verein Düsseldorfer Künstler e.V. stellte 2016 zum Thema »Himmel und Äd« in der Kirche aus. Besonders beeindruckend sind die »Poetischen Abendgottesdienste« mit Pfarrer Lars Schütt: Dann wird die Kirche zu einer Lounge mit Sofas und Sesseln umfunktioniert, und Autoren, Poeten und Musiker tragen Texte und Songs zum Thema des Abends vor. Die Soireen bieten Raum für Freigeist, Diskussionen und vor allem Spiritualität, denn diese ist doch der eigentliche Zugang zum Glauben.

Christuskirche Oberbilk · Kruppstr. 11 · 40227 Düsseldorf · Tel. 0211/77 69 85
www.christuskirche-duesseldorf.de · U74, 77, 79 Oberbilker Markt

Es wird gerockt und gejazzt, und es gibt »Vinylpredigten«.

Ökkes mit der chinesischen Glückskatze in seinem Kultur-Büdchen

»Das Büdchen« – mehr als ein Kiosk

Neben der Tageszeitung, Illustrierten, den Süßigkeiten und Zigaretten gibt es hier: die Begegnung. Dies ist ein Ort, an dem man verschnaufen kann, an dem die Uhren langsamer zu ticken scheinen. Im »Büdchen« trifft sich Oberbilk und genießt feine Ö-Produkte aus fairem Handel.

Trinkhallen, sogenannte Büdchen, gehören im Rheinland fest ins Straßenbild. Sie bieten Zeitungen, Naschwaren, Zigaretten, kalte Getränke, manchmal auch Brötchen und andere Lebensmittel. Die meisten haben ein paar Stehtische. Man trifft sich beim Zeitungholen, Neuigkeiten werden ausgetauscht, die Kinder kaufen ihre Süßigkeiten, nach getaner Arbeit trinkt man auch gerne sein Feierabendbier auf die Schnelle beim Büdchen.

Ökkes »Büdchen« aber ist etwas ganz Besonderes, ja, fast schon ein kleines Kunst-Café. Es ist Treffpunkt eines Lesezirkels, Musiker und Sänger treten spontan auf, und aus dem Feierabendbier wird auch schon mal ein abendfüllendes Programm. Ökkes Yildirim, Sohn kurdischer Einwanderer, betreibt seit 13 Jahren »Das Büdchen«. Jetzt macht er mit der Ö-Linie auf sich aufmerksam. Von der Decke hängen Stofftaschen und T-Shirts mit der Aufschrift »Oberbilk«, wie sie von der Kleiderpuppe im Eck getragen werden. Neben der Kaffeemaschine steht in schwarzen Tüten der Ö-Kaffee. Der Kühlschrank ist gefüllt mit unzähligen Biersorten, gleich ins Auge fällt das Ö-Bier mit den Gesichtszügen Ökkes auf dem Etikett. Er lässt unter seinem Namen bei einer kleinen Privatbrauerei ein Pale Ale, eben das Ö-Bier, brauen. Auch der Ö-Kaffee wird in einer kleinen Rösterei exklusiv geröstet. Neu im Sortiment: Ö-Cookies und Ö-Eiscreme. Die Ö-Produkte sind fair und nachhaltig produziert. Fairness und Menschenliebe werden bei Ökkes großgeschrieben, er will, dass es seinen Gästen gut geht bei ihm, er ist ein großartiger Gesprächspartner, und das oft bis spät in die Nacht. Er versteht sein Café als Treffpunkt aller Kulturen und bringt die Herzlichkeit, Ruhe und Gastlichkeit seines Volkes mit in den deutschen Alltag. Im »Büdchen« ticken die Uhren langsamer.

»Das Büdchen« · Tägl. 6–24 Uhr (auch manchmal länger) · Linienstr. 108 · 40227 Düsseldorf
Tel. 0211/94 21 19 81 · Straßenbahn 705 Gangelplatz

Niemandsland

Auf der Heerstraße, gleich neben dem Bioladen Ökologische Marktwirtschaft, in einem großen verwunschenen Hinterhof versteckt, liegt das Niemandsland. Eine ökologisch-soziale Kommune, die Oberbilk bereichert.

Der Verein Niemandsland vertritt sozial-ökologische Grundsätze und finanziert sich aus Spenden und durch Mitgliedsbeiträge. Die Angebote reichen von Selbsthilfewerkstätten bis hin zum Urban Gardening und dem Mittagstisch. Der Verein sieht sich als eine Projektwerkstatt, in der man sich trifft, um gemeinsam Dinge zu gestalten und Wissen und Fähigkeiten auszutauschen und so einen möglichst hohen Grad an Autonomie zu erlangen.

So ist freitags ab 17 Uhr die Fahrrad-Selbsthilfewerkstatt geöffnet. Man lernt mit den dort vorhandenen Werkzeugen, seinen Drahtesel zu reparieren. Benötigt man Ersatzteile, können die gebrauchten Teile gegen eine Spende erworben werden. Sie wollten schon immer was mit Holz machen, ein Möbelstück renovieren oder einfach nur etwas passgenau sägen? Auch das ist möglich, denn unter Anleitung stellt die Schreinerwerkstatt ihre Werkzeuge zur Verfügung. Am Mittag wird vegetarisch, vegan und makrobiotisch gekocht, in der ÖMA, dem Bioladen am Eingang, gibt es große Auswahl. Der Umsonstladen ist ebenfalls Teil des Vereins. Hier ist alles wirklich gratis, man holt sich, was man braucht und bringt, was man übrig hat. Sollte sich jemand allerdings an dem Prinzip bereichern, wird interveniert. Der Laden lehnt sich an die Umsonstökonomie an, die die herrschende Überproduktion und Verwertungslogistik kritisiert.

Außerdem werden auf dem Gelände Räume zur Verfügung gestellt, und so finden hier regelmäßig Ausstellungen, Vorträge und andere Veranstaltungen statt. Das Niemandsland ist ein Ort, an dem sich die Grenzen von Kultur, Raum und Nationalität verwischen.

▶ **Gleich um die Ecke, auf der Markenstr. 7, gibt es einen sehr guten Libanesen, das »Byblos«, der weit mehr als Falafel im Angebot hat – lassen Sie sich überraschen!**

Niemandsland · Heerstr. 19 · 40227 Düsseldorf · Tel. 0211/23 93 81 10
www.niemandsland.org · Bus 732 Markenstraße

Entspannt geht es zu im schönen Innenhof vom Niemandsland.
Der kleine Laden setzt natürlich ganz auf Bioprodukte.

47 Hundert Jahre Eisqualität

Vor dem »Eiscafé Unbehaun« bilden die Menschen auf dem Trottoir eine Schlange. Nicht etwa, weil es hier etwas umsonst gäbe, nein, sie alle wollen eines: Düsseldorfs bestes Eis. Überall stehen Eishungrige und löffeln die Köstlichkeit aus Bechern. Es gibt fast kein Vorbeikommen auf dem Gehsteig.

Schafft man es dann endlich, in die Eisdiele zu gelangen, wird man in die 60er-Jahre zurückkatapultiert. Grüne Schabracken an den Fenstern, runde Marmortischplatten, davor Stühle mit Metallgestell, auch hier jeder Platz belegt. »Das Interieur sieht genauso aus wie damals, als unsere Eltern hier ihr Eis gegessen haben«, bestätigt eine Frau, die gerade eine Eisschokolade trinkt. »Unbehaun« hat mittlerweile Kultstatus. Bereits seit 1906 wird hier Eis hergestellt, und bis heute hat sich daran nichts geändert. Liebhaber von Sorten wie Bounty, Mars oder Piña Colada sind hier fehl am Platz, denn bei »Unbehaun« legt man Wert auf Tradition. Es gibt 15 verschiedene Bechergrößen, aber nur fünf Sorten Eis, nämlich Nuss, Erdbeer, Vanille, Schokolade und Zitrone. Traditionell ist auch die Art, das Eis nicht in Form von Kugeln in die Becher zu füllen, sondern es hineinzuspachteln, bis der Becher randvoll ist. Und wer will, kann sich dann noch eine ordentliche Portion frische Sahne dazu bestellen. Bei »Unbehaun« schmeckt Eis nach Eis und nicht nach chemischen Zutaten. Geheimnis ist das hundertjährige Rezept, wonach alle Zutaten wie Vanillestangen, Milch, Kakao, Zucker und die Früchte abgekocht werden, bevor sie zu Eis gemacht werden. Und künstliche Zusatzstoffe kommen gar nicht infrage. Das ist auch der Grund dafür, dass das Eis – verglichen mit herkömmlichen Manufakturen – eher blass erscheint. Dem Geschmack tut das aber keinen Abbruch, wie eine Umfrage der »Rheinischen Post« vom Juli 2016 zeigt, die das Eis des »Unbehaun« zum besten der Landeshauptstadt kürte.

▶ **Nur eine U-Bahnstation** entfernt lockt in der Suitbertusstraße das Kulturzentrum »Boui Boui Bilk« mit außergewöhnlichen Veranstaltungen, Nachtflohmärkten, Kunst und Konzerten (www.boui-boui-bilk.de).

»Eiscafé Unbehaun« · März–Ende Okt. 10–22 Uhr · Aachener Str. 164 · 40223 Düsseldorf
Tel. 0211/15 35 75 · U72 Südring

Seit mehr als hundert Jahren wird das Unbehaun'sche Eis gespachtelt.

Oldtimer hautnah

Ein Muss für jeden Oldtimerfan ist die Classic Remise. Das denkmalgeschützte Gebäude sprüht nur so vor industriellem Charme, gepaart mit modernem Leben. Hier treffen Mercedes auf Bugatti, Aston Martin auf BMW und Jaguar auf Porsche.

In dem ehemaligen Ringlokschuppen von 1931, einem der Musterprojekte der Reichsbahn, hat 2006 die Classic Remise (damals unter dem Namen Meilenwerk) eröffnet. Früher wurden Dampfloks in den Schuppen gefahren und mithilfe von Drehscheiben eingeparkt, sodass man sie warten konnte. Heute ist das historische Gebäude, das stolze 140 Meter Durchmesser hat, komplett renoviert, bekam eine Glaskuppel aufgesetzt und ist wieder zu einer Drehscheibe geworden, diesmal für Oldtimer.

Mehr als 300 Fahrzeuge sind in der Classic Remise zu sehen und zu kaufen. Auf einer Fläche von 19 000 Quadratmeter haben sich Werkstätten, Händler und Boutiquen eingemietet. In gläsernen Garagen parken stolze Besitzer ihre Lieblinge und lassen sie bestaunen. In der Classic Remise stehen Autos, die sich sehen lassen können. Besucher kommen zu Oldtimertreffen, sie lassen Fahrzeuge vom Fachpersonal schätzen, Oldtimer werden gewartet, repariert und verkauft.

Gleichgesinnte treffen und ein wenig »Oldtimergarn« spinnen kann man auch sehr gut im Bistro »Hebmüller«. Zwischen Ölkannen, alten Nummernschildern und Blechteilen bekommt man gutes Bistrofood, dazu einen feinen Tropfen und das Glas Latte danach. Der beliebte Sonntagsbrunch findet jedes zweite Wochenende (ungerade Wochen) statt. Im Sommer ist der Biergarten geöffnet, passend zum Thema Oldtimer befindet sich der Ausschank in einem alten Citroën-Kastenwagen. In dem ehemaligen Lokschuppen finden das ganze Jahr hindurch Veranstaltungen statt, etwa die Uhrenbörse oder die Whiskey Classics. Man kann die Classic Remise auch selbst als Veranstaltungsort mieten für private Anlässe oder Firmenevents. Und wer mehr wissen will: Es werden auch Führungen veranstaltet.

Classic Remise · Mo–Sa 10–23, So 10–20 Uhr · Harffstr. 110a · 40591 Düsseldorf
Tel. 0211/22 95 05 70 · www.remise.de · Bus 723 Ohliger Straße

Die Classic Remise: beliebtes Ausflugsziel und stylische Kulisse für Feiern

Peter Inhoven lässt mit seinem Wurstzirkus das Metzgerhandwerk wieder aufleben.

Créateur de Saucissons

»Zwei Paar Politbüro bitte, und dann legen Sie noch ein Paar Transsilvanische drauf, und zweimal Tötet Flipper.« Wer diese aberwitzig klingende Bestellung hört, der steht in der Metzgerei Inhoven an der Werstener Dorfstraße.

Peter Inhovens Wurstkreationen haben es in sich. So sind in der »Politbüro« Apfel, Gurke und Rote Beete enthalten, aber keine Südfrüchte, denn die gab's ja nicht in der DDR. In »Tötet Flipper« ist Fisch, die »Transsilvanische« enthält Blut und Zwiebeln, Dracula lässt grüßen. Wer's gerne exotisch mag, sollte die »Scharfe Sau« mit Chili probieren oder »King of Laos« mit Zitronengras, Koriander und Dill. Die »Marokkanische« wird aus Lamm und Rindfleisch hergestellt, Garam Masala rundet den Geschmack ab. Ebenfalls vom Rind ist die »Shanghai Tiger« mit Wasabi, Chili und Teriyake – um nur einige der Kreationen des Meisters zu nennen. Natürlich gibt's auch die gute alte Rostbratwurst – und die ist sogar besonders lecker.

Bereits in dritter Generation werden bei der Metzgerei Inhoven feinste Wurstwaren hergestellt und bestes Fleisch von handverlesenen Lieferanten verkauft. Qualität, die man schmeckt. Gleich hinter der Eingangstür befindet sich die Hildegard-Knef-Gedenkecke, und während man wartet, kann man hier auf einer Bank Platz nehmen und Fotos der Knef anschauen.

Peter Inhoven wird gerne der Rockstar unter den deutschen Metzgermeistern genannt und ist inzwischen weit über die Grenzen Düsseldorfs hinaus bekannt durch seinen wandernden »Wurstzirkus«. Schon seit 15 Jahren bringt er den Menschen die Metzgerzunft nah, und das in blütenweißer Jacke mit goldenen Litzen. Als die Kochsendungen im Fernsehen aufkamen, in denen Köche ihr Handwerk zeigten, keimte in ihm die Idee, auch das Metzgerhandwerk einer breiten Öffentlichkeit zu präsentieren. Denn wie jedes Handwerk ist auch das eigentlich eine Kunst. Heute kann man ihn bei vielen Events in seiner Heimatstadt live erleben, etwa bei Kö Gourmet oder auf der großen Rheinkirmes.

Metzgerei Inhoven · Mo–Fr 7–18, Sa 7–13 Uhr · Werstener Dorfstr. 86 · 40591 Düsseldorf
Tel. 0211/76 25 13 · www.inhoven.de · Bus 731, 735 Benninghauser Straße

50 Mit dem Rad am Rhein entlang

Düsseldorf liegt am Erlebnisradweg Rheinschiene, der von Bonn über Köln in die Landeshauptstadt und weiter nach Duisburg führt. Man kann mit Fähren und Brücken die Rheinseiten wechseln, fährt durch grüne Wiesen und auf geschichtsträchtigen Pfaden. Restaurants und Hotels gibt es genug auf den 357 Kilometern Radweg. Aber allein der Düsseldorfer Abschnitt macht Spaß: Linksrheinisch fährt man überwiegend durch Auenlandschaften, rechtsrheinisch geht es vor allem durch die Stadt. Wer sein eigenes Fahrrad nicht mitbringen kann, mietet sich am besten eines im Nextbike-Leihfahrrad-System, das sich durch guten Service und in der Regel intakte Velos auszeichnet.

Fahrradverleih · www.nextbike.de · verschiedene Standorte, z. B. Aachener Platz
U72, Bus 723, 726, 893 Aachener Platz

51 Ein Sonntag in Volmerswerth

Der Volmerswerther Deich eignet sich hervorragend für Sonntagsausflüge, man kann spazieren gehen, Fahrrad fahren, joggen und skaten, denn an jedem Sonntag ist der 1925 errichtete Deich autofrei. Von hier oben schaut man dann auf Vater Rhein, und das gemächliche Vorbeiziehen der Schiffe hat eine beruhigende Wirkung. Geht man Richtung Ortskern Volmerswerth – das Dorf am Rhein wurde erstmals 1173 erwähnt –, weist ein Schild zum Tierfriedhof. Er liegt am Waldrand friedlich unter großen Bäumen. Herrchen und Frauchen können hier ihre Vierbeiner und Vögel beerdigen lassen. Grabsteine und Gedenktafeln werden aufgestellt, und die Gräber sind liebevoll mit Grablichtern und Fotos der verstorbenen Tiere und Blumen dekoriert.

Tierfriedhof Volmerswerth · Aderräuscher Weg 158 · 40221 Düsseldorf ·
Tel. 0211/16 01 25 1 www.duesseldorfer-tierfriedhof.de

Die Radwanderwege am Rhein entlang führen bis nach Holland.
Der Volmerswerther Tierfriedhof zeigt anrührend geschmückte kleine Grabstätten.

52 Düsseldorfs bunteste Straße

Kunterbunte Häuserfassaden, Quarterpipes für Skateboarder auf der Straße, Durchfahrt nur für Anwohner frei, Düsseldorfs bester Kinderclub und groovigster Punkrock gleich nebeneinander: Das ist die Kiefernstraße, einst ein Problemviertel, heute ein friedlicher Schmelztiegel der Kulturen.

Eine Hausfassade sieht aus wie ein riesiges Kreuzworträtsel, auf der nächsten sieht man einen goldenen Buddha, dann wieder goldene Affen, die sich durch blaue Lianen hangeln. Ein paar Häuser weiter fallen Käfer und eine riesige Schlange ins Auge, wieder ein anderes ist mit weißen und grünen Mosaiksteinchen besetzt – von wegen Mosaik, auch das ist gemalt. Der Kinderclub gleich daneben ist wild mit Comicfiguren verziert. Er ist aber nicht nur äußerlich bunt, sondern auch bekannt für ein buntes Repertoire an künstlerischen Freizeitbeschäftigungen. Neben Malerei und Siebdruck gibt er Kindern und Jugendlichen Raum für Songwriting und Performance, aber auch Pizzabacken. In der Nähe ist als Kontrastprogramm das »AK 47«, eine Punkrock-Kneipe mit Konzerten und Veranstaltungen der Szene.

▶ **Gleich um die Ecke in der Fichtenstraße liegt das ZAKK, das Kulturzentrum für Politik, Satire, Kabarett, Musik und vieles mehr. Veranstaltungsinfos unter www.zakk.de**

Internationale Künstler haben in dieser kleinen Straße ihrer Fantasie freien Lauf gelassen und ein erstaunliches Gesamtbild erschaffen, alles nach dem Motto: »Schöner Wohnen auf der Kiefernstraße«, unter Schirmherrschaft des Vereins Kunstfieber und der Stadt.

Doch nicht immer ging es hier so harmonisch zu. Entstanden ist die Straße 1902, als die Klöckner-Werke Arbeiterwohnungen bauen ließen. Nach Schließung der Firma im Jahr 1975 fielen die Häuser an die Stadt. Die Entmietung begann, doch Neubauten verzögerten sich, und so kamen durch das Sozialamt Flüchtlinge hierher. Da bezahlbarer Wohnraum immer rarer wurde, zogen Hausbesetzer ein. Schließlich wurde eine Einigung im Wohnungsstreit gefunden, und 1987 wurden die ersten Mietverträge unterschrieben.

Kiefernstraße · 40233 Düsseldorf · www.farbfieber.de · U75, 725, 738 Kettwiger Straße

Szeneclubs, coole Hausfassaden und der Kindertreff – die Kiefernstraße

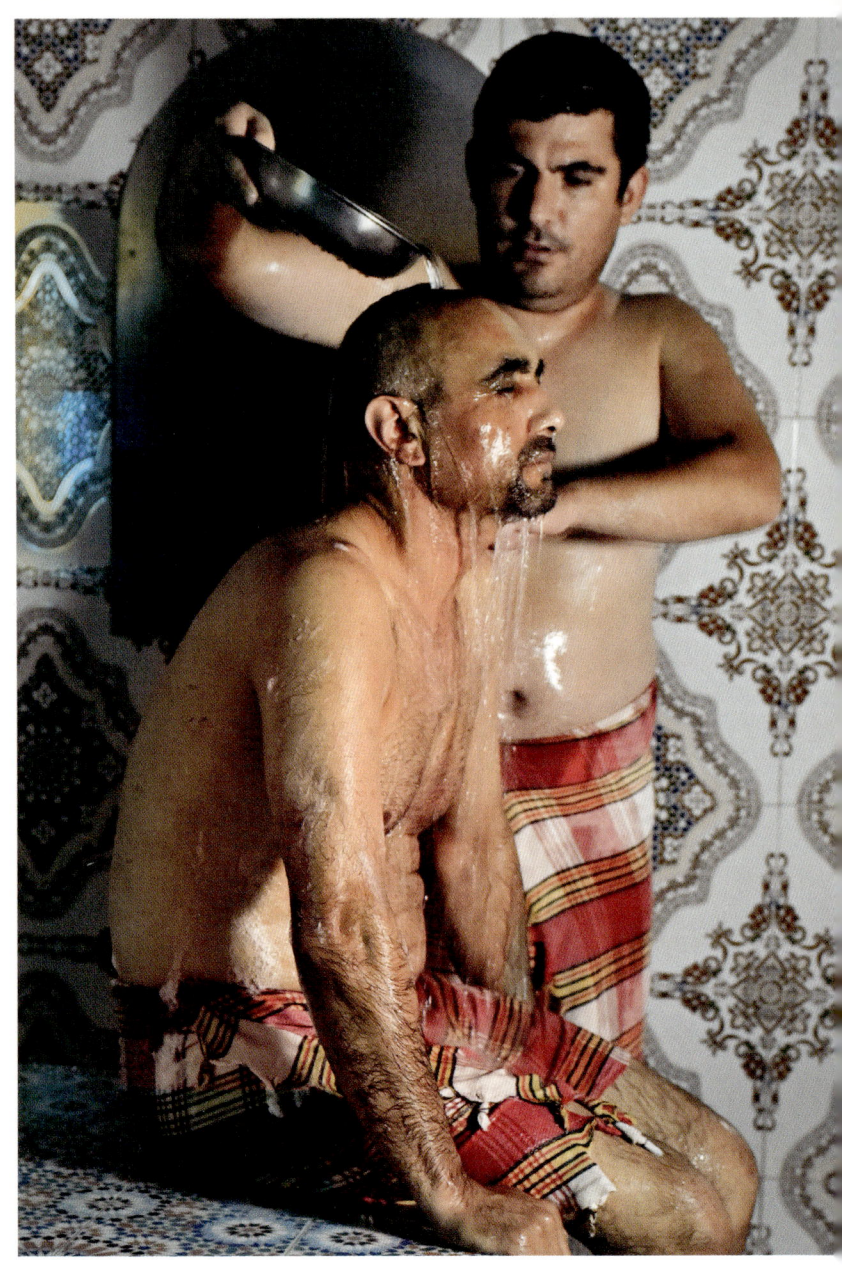
Streng nach Geschlechtern getrennt, bietet der Hamam orientalische Entspannung.

Ein Ausflug in Tausendundeine Nacht

53

Eintreten in die Welt des Orients, den Alltag herunterspülen und mal so richtig entspannen. Umgeben von wunderschönen Mosaiken an den Wänden und von orientalischen Lampen, von den Düften der Seifen und Öle, vermischt mit parfümierten Tees, fühlt man sich wie bei Scheherazade.

Hamam ist die Bezeichnung für ein traditionelles orientalisches Bad, das erste wurde im Mittelalter in Jordanien errichtet. Der Aufenthalt ist streng nach Geschlechtern getrennt, und so trifft man sich in Männer- oder Frauengruppen zum gemeinsamen Reinigen, Schwitzen und Ausruhen. Betritt man den Türkischen Hamam auf der Birkenstraße, sieht man in der Lobby Frauen, die an Tee nippen und darauf warten, dass Platz frei wird, drinnen im Hamam. Denn feste Termine gibt es nicht, wer zuerst kommt, badet zuerst.

Wenn es dann soweit ist, legt man den Pestemal an, das Lendentuch, das dafür sorgt, dass man nicht überhitzt oder unterkühlt. Und schon kann es losgehen. Man setzt sich in eines der Marmorwasserbecken und gießt sich aus den Kupferschalen Wasser über den Körper, anschließend legt man sich gereinigt auf die Göbektas, die 50 bis 70 Grad heißen Steine. Genug geschwitzt? Dann weiter zum Ganzkörper-Peeling, das Männer an Männern und Frauen an Frauen vornehmen: Mit einem Kese, einem Peeling-Handschuh, dessen Stärke man sich selbst aussucht, wird gerubbelt, was das Zeug hält. Jetzt sind die Poren geöffnet, und man kann bei einigen Saunagängen fröhlich vor sich hin schwitzen. Spätestens beim Entspannen in dem halbdunklen Ruheraum, ausgestreckt auf den bequemen Liegen und mit einem Glas Apfeltee, ist der Alltag ganz in den Schatten dieser orientalischen Oase getreten, und man fühlt sich wie in einer anderen Welt. Wer Lust auf mehr hat, kann noch eine Seifenmassage buchen, denn die ist nach dem Peeling besonders effizient, aber auch Anti-Stress- oder Ölmassagen werden angeboten. Das Highlight hier in Düsseldorf ist die Sultanmassage, bei der man von vier Händen gleichzeitig durchgeknetet wird – Tiefenentspannung pur.

Türkischer Hamam · 12–23 Uhr, Frauen: Mo–Mi, Sa, So, Männer: Fr
Birkenstr. 41 · 40233 Düsseldorf · Tel. 0211/22 98 47 77 · www.hamam-duesseldorf.de
Straßenbahn 708, 709 Birkenstraße

54 Der Herr der Ringe – Made in Flingern

Schlicht gibt sich das Logo »Aldenhoff Jewellers« über dem Ladenlokal, schlicht auch das Design des Showroom. Kein Schnickschnack, keine Verschnörkelungen, klare Linien. In der Mitte einzig ein Kubus mit Glasplatte, drumherum einfache Hocker.

An den Wänden hängen kleine Fotos von glücklichen Hochzeitspaaren, auf dem Brett darunter liegen die passenden Trauringe in verschiedenen Formen, Stärken und Legierungen. Sie sind mit Bändern auf Samtplatten fixiert, so hat der Kunde die Möglichkeit sie anzufassen, ohne erst fragen zu müssen. Die Ringe sind klar in der Form, viele von ihnen groß, dabei jedoch nie klobig. Bei Aldenhoff sucht man sich zunächst die Form eines Schmuckstücks aus, dann das Material. Entscheidet man sich für Gold, geht es im zweiten Schritt um die richtige Legierung: Soll es Rot-, Weiß-, Gelbgold sein oder gar Platin? Dann kann man auch noch den Goldanteil wählen. Besonders schön in der Lichtreflexion sind 750er »Pink Champagne« und »Champagne«, eigene Kreationen der Goldschmiede, die hier arbeiten. Ketten, Armbänder und Ohrringe sind ebenfalls Teil der hauseigenen Kollektion, auch eine Männerlinie gibt es, mit Manschettenknöpfen, Siegelring und sogar einem Cocktailring für den modebewussten Mann.

▶ **Im Juni findet jährlich »Flingern @ Night« statt. Dann haben die Geschäfte bis Mitternacht geöffnet, und das Viertel verwandelt sich in eine Flaniermeile.**

1996 machte Bernd Aldenhoff sich in Flingern, damals an der Ackerstraße, mit seinem kleinen Atelier selbstständig. Der Designer absolvierte zunächst eine Goldschmiedelehre in Essen, machte dann den Meister, und schon bald wurden seine Kreationen mit Preisen ausgezeichnet. Zusammen mit seiner Frau Ramona, einer New Yorker Unternehmensberaterin, schaffte er den Sprung nach New York. Und schon bald stellte der »Herr der Ringe« auf Schmuckmessen aus, bekam Aufträge aus der Modewelt und zeigte Flingerner Design im »Big Apple«. Doch bis heute befinden sich das Atelier und der Showroom hier in Flingern.

Aldenhoff Jewellers · Mo–Fr 10–19, Sa 10–18 Uhr · Birkenstr. 96 · 40233 Düsseldorf
Tel. 0211/35 71 30 · www.aldenhoff.com · Straßenbahn 708, 709 Birkenstraße

Ringe und Showroom von Aldenhoff sind gleichermaßen durch ihre Klarheit geprägt.

Nach dem gemeinsamen Kochen bei Orhan wird ganz genüsslich zusammen gespeist, und dazu werden edle türkische Weine probiert.

»Koch Dich Türkisch!«

Wir retten die türkische Küchenkultur! Das ist das Credo von Orkide und Orhan Tançgil. Hinter dem kleinen Schaufenster des Ladens an der Birkenstraße verbergen sich zugleich ein Geschäft mit besten türkischen Weinen und Spirituosen, eine Kochschule und ein Kochbuchverlag.

Viele Deutsche reduzieren die türkische Küche auf Döner und Lahmacun und all die anderen Sachen, die es in Dönerbuden so gibt. Dabei hat sie so viel mehr zu bieten! Da in dem Land Okzident auf Orient trifft, ist auch die Küche stark asiatisch beeinflusst. Entsprechend sind Auberginen, Kreuzkümmel, Paprika und Chili häufiger Bestandteil türkischer Gerichte.

Orhan und seine Frau Orkide hatten gemerkt, dass immer weniger Deutschtürken so kochten, wie sie es von Mama gewohnt waren. Daraufhin schufen sie vor zehn Jahren ihren ersten Kochblog, »KochDichTürkisch«, der sich an Deutschtürken und Freunde der türkischen Küche richtete. Bald darauf gaben sie ihr erstes Kochbuch im eigenen Verlag heraus und nahmen die türkische Küche weiter unter die Lupe. Es folgte ein Kochbuch über Meze, die wunderbaren Vorspeisen, mit denen man einen ganzen Abend füllen kann, und schließlich ein weiteres über vegetarische Gerichte. Im vierten Buch nun dreht sich alles rund ums Kebap. Zwischenzeitlich reifte bei Orhan und Orkide die Vorstellung, ihr Wissen auch direkt weiterzugeben, und die Idee einer Kochschule war geboren. Sie eröffneten das Ladenlokal in der Birkenstraße, in dem Platz ist für eine gemütliche Schulküche. Hier lassen sich die beiden gern in die Töpfe gucken. Ein Kochkurs beginnt immer mit einem gemeinsamen Einkauf im Geschäft nebenan, und dann geht es ran an die Pfannen. Der »KochDichTürkisch«-Laden bietet eine große Auswahl türkischer Weine, Spirituosen und Öle. Jeden Monat gibt es außerdem Weinverkostungen, begleitet von köstlichen Meze.

▶ **Zwei Häuser weiter befindet sich der wohl coolste Brillenladen der Stadt, ein Muss für Kurz- und Weitsichtige. Kleine Labels, innovatives Optikerteam. www.b2-optic-flingern.de**

»KochDichTürkisch« · Birkenstr. 86 · 40233 Düsseldorf · Tel. 0211/98 90 68 50
www.kochdichtuerkisch.de · Straßenbahn 708, 709 Birkenstraße

Hier geht Ihnen ein Licht auf!

Schon durchs Schaufenster sieht man das viele Licht: Lampen in allen Formen und Farben leuchten miteinander um die Wette. Retroleuchten konkurrieren mit ausgefallenen modernen Kreationen, und die diversen Glaslampen setzen ganz besondere Akzente.

Betritt man das Atelier von Christian Weitkemper, weiß man gar nicht, wo man zuerst hinschauen soll. Im Regal links fallen außergewöhnliche Stehlampen sofort ins Auge, aus gecrashtem, bernsteinfarbenem Glas, der warme Schein erinnert an gemütliches Kaminfeuer. Ganz im Gegensatz dazu verbreiten strahlend weiße Glas-Chips auf dem Opalglas einer Deckenlampe ein klares Weiß im Raum. Nostalgische Schreibtischleuchten stehen auf einem alten Schulpult, man fühlt sich gleich in seine Jugendzeit zurückversetzt. Eine andere Lampe ist komplett aus Jägermeister-Flaschen zusammengesetzt und leuchtet entsprechend in dunklem Grün. Am Eingang erstrahlt eine alte Bahnhofsleuchte zu neuem Glanz. Auch die ausrangierten Glühbirnen dienen als Lampenschirm, Birnen, kunstvoll mit-einander verbunden, umrahmen den Leuchtkörper. Fragt man sich, was die altertümlichen Trockenhauben eines Friseursalons im Eck machen, sollte man einfach mal den Schalter umlegen – und schon wird's hell. Der Blick fällt auf die Schulstühle aus den 1980ern, die im Atelier stehen, und die Apothekergläschen dahinter – was aus denen wohl wird?

▶ **Die Bäckerei Yusufogallari (Birkenstr. 64) bietet original türkische Backwaren. Ob süß mit viel Honig und Mandeln oder salzig – einfach mal durchprobieren!**

Christian Weitkemper fertigt seit 20 Jahren Lampen. Auf die Frage, was ihn dazu bewogen hat, antwortet er ganz pragmatisch, dass es einfach für ihn damals zu teuer war, die zu kaufen, die ihm gefielen, also fing er an, sie selbst herzustellen. Heute wird der Autodidakt auch beauftragt, wenn es um Beleuchtungssysteme und Ladenausleuchtungen geht. Man kann sich bei ihm Lampen ganz nach Geschmack anfertigen lassen. Jede ist ein Unikat und wird auf Wunsch in den unterschiedlichsten Größen angefertigt.

Lido Project · Mo 16–19, Fr 15–19, Sa 11–18 Uhr · Birkenstr. 88 · 40235 Düsseldorf
Tel. 0179/684 49 44 · www.lido-project.de · Straßenbahn 708, 709 Birkenstraße

Die aus Glühbirnen gefertigte Lampe ist nur ein Highlight des Ateliers Lido.

Schreinerwerkstatt und Atelier zugleich. Und nebenan lebt die Hexe von der »Kö«.

Hinterhofcharme in Flingern

Überreste entsorgen, die bei der Möbelproduktion entstehen, das kann jeder. Sie aber zu Kunstobjekten machen, das kann Janet Alter bravourös. Ob als Bild oder »Stehrumchen«, ihre kleinen Kunstwerke sind ideale Dekorationen und tolle Geschenkideen. Und auch sonst hat der Innenhof einiges zu bieten.

Das Schaufenster des Archefilo an der Ackerstraße 191 macht mit Bildern auf sich aufmerksam: stilisierte Vögelchen mit Sprechblasen oder abstrahierte Mädchenköpfe in feinen Tuschelinien, Schutzengel und viele weitere Motive, man kann sich gar nicht sattsehen. Darüber hängen Traumfänger, und hübsch dekorierte Äste schauen aus Holzvasen hervor. In einem schönen, schlichten Holzregal sieht man die »Stehrumchens«, wie Janet Alter sie nennt, und auch sie zeigen den ihr so eigenen abstrakten, zarten, etwas verspielten Stil. Die Künstlerin malt entweder direkt auf Holz oder zieht Papiercollagen auf Holz auf. Im Hinterhof produziert ihr Mann Rainer Eindorf das Material für ihre Kunstwerke, denn er fertigt Möbel, geradlinige, ja schon puristische Tische, Bänke, Regale, Stühle und Schränke, ohne Firlefanz, in Handarbeit, mit einfachsten Maschinen. Das Resultat kann sich sehen lassen – aus verschiedenstem Holz in allen Größen. Und, ebenso wie die Zeichnungen seiner Frau, natürlich alles Unikate. Neben Maßanfertigungen nach Kundenwunsch richtet er Läden, Büros, Kindergärten und Yogastudios ein und erstellt Raumkonzepte.

Der Hinterhof, in dem sich seine Werkstatt befindet, hat kreatives Boheme-Flair. Zum einen wohnt hier die Hexe von der »Kö« (siehe Kapitel 26) in einem kleinen Haus aus den 1930ern, und sie öffnet ihr Atelier – wenn sie nicht gerade auf der »Kö« ist. Im Studio Rabotti bieten sieben Illustratoren ihren Auftraggebern geballte Illu-Power in unterschiedlichsten Stilrichtungen. Passend dazu befindet sich hier auch die Druckbar, und wie der Name schon sagt, wird hier ge- und bedruckt nach Herzenslust: Textilien und T-Shirts in allen Farben, aber auch Aufkleber, Fensterbeschriftungen oder Werbebanner.

archefilo · Do, Fr 11–18, Sa 11–14 Uhr (und n.Vereinb.) · Ackerstr. 191 · 40232 Düsseldorf
Tel. 0211/97 93 73 47, 0172/272 75 33 · www.archefilo.de · Straßenbahn 706 Lindenstraße

58 Das kleine Kaufhaus der schönen Dinge

Hochwertig, durchdacht, geschmackvoll und exklusiv präsentiert sich die Auslage von Moritz Wenz. In dem nüchternen Laden mit den großen Regalen und Tischen hat jedes der Ausstellungsstücke genug Raum, um auf sich aufmerksam zu machen.

Moritz Wenz hat ein Industriedesign-Studium und eine Ausbildung zum Schmuckdesigner absolviert. Er legt Wert auf zeitlose Formen und gute Qualität und besinnt sich dabei auf alte Traditionen. Mit seiner Linie »Flöz« hat er beispielsweise eine Hommage an den Bergbau geschaffen: Nach alter Niet-Technik, wie sie für die Arbeitertaschen der Kumpels eingesetzt wurde, werden Taschen, Börsen und Gürtel aus Rindsleder gefertigt. Seine Schmuck-Kollektion ist maskulin – Ringe, Kettenarmbänder, Manschettenknöpfe aus Silber. Zur Serie »Eben« gehören Untersetzer und Notizbücher aus pflanzlich gegerbtem Leder. Das Sortiment umfasst aber nicht nur eigene Arbeiten, denn der Laden versteht sich als eine Plattform, auf der sich Handwerk präsentieren kann und so vor dem Aussterben bewahrt wird. Moritz Wend vermarktet kleine Betriebe aus dem In- und europäischen Ausland, die mit hochwertigen Materialien arbeiten und traditionelles Handwerk fördern. Wie die Firma Otter, eine Messerschmiede aus Solingen, die noch heute wie vor 150 Jahren Messer per Hand herstellt und auch in dem Bereich ausbildet. Man findet Blaumann-Jeans, die in der Oberpfalz gefertigt werden, schöne Papeterieprodukte und Schreibgeräte. Für das gemütliche Zuhause gibt es Merino- und Wolldecken aus Schweden. Klassische Rasur- und Pflegeartikel ergänzen das Sortiment für den Herren.

Auch Kulinarisches ist zu haben: in der Grillsaison zum Beispiel die Bratwurst-Kreationen des Kultmetzgers Peter Inhoven (siehe Kapitel 49). Ergänzt wird das Angebot durch Hochprozentiges aus kleinen Manufaktur-Destillerien. Moritz Wenz selbst sagt zu seinem Sortiment: »Es ist toll, dass wir hier einen Ort geschaffen haben, an dem wir eine Philosophie und Produkte anbieten, die das Leben bereichern.«

Moritz Wenz Studio & Store · Di 14–19, Mi–Fr 12–19, Sa 11–16 Uhr · Ackerstr. 155
40233 Düsseldorf · Tel. 0211/54 47 63 14 · www.moritz-wenz.de · Straßenbahn 706 Lindenstraße

Qualität, nach alter Handwerkskunst gefertigt: das Sortiment von Moritz Wenz

Die eleganten Boards von Langbrett lassen Surferherzen höher schlagen.

Mehr als ein Surferladen

Langbrett ist der Shop für Skater und Surfer. Aber auch Menschen mit sportlichem Geschmack, die an nachhaltig produzierten Labels interessiert sind, werden hier fündig. Und wer sein Surfbrett selbst bauen will, findet den passenden Workshop.

Langbrett wurde aus einer Idee von mehreren Surfern geboren, die sich in ihrer Freizeit in der Natur wohler fühlen als im Großstadtdschungel, die lieber im Zelt übernachten als im Hotel, die aber auch die Natur schonen und erhalten wollen. 2008 gründeten Alexander Nolte und Oliver Spies Langbrett in Berlin. Bald folgte ein Laden in Frankfurt, und jetzt gibt es ihn auch in Düsseldorf und Hamburg. Surfer und Skater finden hier alles, was das Herz begehrt. Langbrett-Skateboards, in Berlin designt und im Erzgebirge produziert. Surfbretter und Wetsuits, aber auch praktische Rucksäcke und coole Skaterklamotten. Langbrett hat mittlerweile eine eigene Kollektion von Schuhen und Bekleidung, und hier wie auch bei den anderen Labels im Laden wird besonders auf Nachhaltigkeit geachtet. So wird beispielsweise der bequeme Skaterschuh »German Democratic Republic« aus alten Autoreifen und Militärzelten der ehemaligen DDR hergestellt und mit Bio-Baumwolle ausgekleidet. Leder wird chromfrei gegerbt und in Portugal produziert, Polyester kommt aus Recycling-Verfahren.

▶ **Die Boutique IBI (Ackerstr. 137) sieht exotisch und nach Guter-Laune-Mode aus, was an der farbenfrohen Dekoration liegt, aber auch an den tollen Accessoires.**

Der Langbrett-Klub gibt Surfern und Longboardern eine Plattform zur Interaktion, zu gemeinsamen Ausflügen, ob zum Boarden oder Surfen oder auch nur so in die Natur. Oder auch zu Surfreisen nach Frankreich oder gleich Costa Rica. Er bietet darüber hinaus auch Raum für Vorträge rund ums Thema Nachhaltigkeit, für Ausstellungen, Filmabende, Nähevents, Plastiksammelaktionen und Konzerte. Und wer mehr über den Bau von Holzsurfbrettern erfahren will, kann an den Workshops teilnehmen – ob hier in Düsseldorf oder in Irland liegt ganz beim Kunden.

Langbrett Düsseldorf · Mo–Fr 10–19, Sa 10–17 Uhr · Ackerstr. 113 · 40233 Düsseldorf
Tel. 0211/46 86 16 03 · www.langbrett.com · Straßenbahn 706 Lindenstraße

Zu Besuch bei bio-zertifizierten Kuratoren

Wer Gartenarbeit liebt und Wert legt auf qualitätvolle, handgefertigte Geräte, wer bei der Arbeit auch gut aussehen will, praktische Helfer braucht und sich auf den neuesten Stand der Gartenliteratur halten will: Der ist im Golden Rabbit bestens aufgehoben.

Petra Wenzel und Werner Lippert waren lange Jahre als Museumsdirektoren tätig und als Kuratoren im Bereich der schönen Künste. Jetzt haben sie selbst ein Kunstwerk für Gartenfreunde geschaffen, den Concept-Store Golden Rabbit. Einen kleinen Gartenladen, der sozusagen über den Zaun schaut, mit Fokus auf qualitativ hochwertige Ware. Hier kommt man sich vor wie in einer Designerboutique für Gärtner – mit den sonst üblichen riesigen Gartencentern hat das nichts zu tun. Die hochwertigen Geräte stammen zumeist von der niederländischen Firma Sneeboer und sind sozusagen der Rolls-Royce jedes Gärtners, präzise durchdacht liegen sie perfekt in der Hand, wegen der austarierten Proportionen. Alle sind von Hand geschmiedet und bekommen einen Stiel aus Eschenholz verpasst, das macht sie so einzigartig. Ein Muss für jeden Gartenfreak! Ebenso das japanische Hori-Hori-Messer, ein zweischneidiges Messer und der letzte Schrei unter Gartenfreunden.

Wer beim Gärtnern eine gute Figur machen will, sollte sich intensiv mit den schicken Outfits bekannt machen, die Golden Rabbit führt, von Overalls über Jeans bis hin zu Gartenschürzen, Handschuhen, Stiefeln und geschmackvollen Hüten. Nach getaner Arbeit braucht die Gartenhand ein wenig Pflege – und was wirkt besser gegen verspannte Muskeln als ein entspannendes Algenbad? Auch hier schafft Petra Wenzel Abhilfe mit exklusiven Körperpflegeprodukten. Natürlich gibt es im Golden Rabbit auch Sämereien, und natürlich sind sie biozertifiziert. Cool sind auch die Gartensets für Kinder, schön bunt und aus Materialien, die Kindern das Gärtnern leicht machen. Petra Wenzel hat sich mit diesem Laden nicht nur einen Wunsch erfüllt, sondern sie hat auch den Zeitgeist erfasst, denn »unsere Städte müssen grüner werden«, sagt sie.

the golden Rabbit · Di–Fr 12–18, Sa 12–16 Uhr · Ackerstr. 159 · 40233 Düsseldorf
www.the-golden-rabbit.de · U71, 72, 73 Uhlandstraße

Die traditionell hergestellten Gartengeräte sind nachhaltig und schön zugleich.

Theater mal ganz anders: Ausschnitt aus dem Festival 2016

# Sommerfestival der Künste

Wenn die großen Bühnen Spielpause haben, öffnet das Asphalt-Festival seine Pforten. Dann heißt es raus aus dem Theater und rein in die Stadt. Denn die bildet an verschiedenen Orten die Bühne für das interdisziplinäre Festival mit internationalen Ensembles. Das zehntägige Festival findet jedes Jahr im Sommer statt.

Zentrum ist das »Weltkunstzimmer«, eine alte Backfabrik, in deren Räumen in diesen Tagen Theateraufführungen, Konzerte, modernes Puppentheater sowie Tanz und Lesungen das Geschehen dominieren. Schräg gegenüber, in den alten Farbwerken, geht es ebenfalls künstlerbunt zu, auch dieses Areal verbreitet diesen Shabby-Retro-Industriecharme. Ansonsten wird an verschiedenen Orten gespielt, beispielsweise in der K21-Kunstsammlung oder im NRW-Forum. Das Festival, das Regisseur Christof Seeger-Zurmühlen und Komponist Bojan Vuletic 2012 ins Leben gerufen haben, ist themenbezogen und beschäftigt sich grundsätzlich mit den Fragen einer modernen Stadtgesellschaft. Wie gestaltet man die Stadt als Wohn- und Lebensraum?

Und hier legen sie auch gerne mal den Finger in offene Wunden, wie beim Festival 2016 mit dem Motto »Niemandsländer«: Bei der Aufführung »Sous-Terrain« wurden die Besucher Teil des Theaterstücks. Sie wurden von der fiktiven Firma »Schöner Leben« mit einem Bus durch Düsseldorf gefahren und übernahmen dabei die Rolle von Immobilienkäufern, denen man Wohnungen anpries. Vorletzte Station der Fahrt war das riesige neue Stadtviertel »Le Flair«, das Züge einer geschlossenen Gesellschaft trägt: Die Grünflächen und Plätze sind nur für Bewohner zugänglich, die Hauseingänge werden von Sicherheitsfirmen bewacht. Letzte Station war dagegen ein stillgelegter Eisenbahntunnel, in dem der Obdachlose Jörg haust, dem als Lebensraum nur noch die Straße blieb, nicht zuletzt, weil bezahlbarer Wohnraum ein Manko Düsseldorfs ist. Dass diese Inszenierung bei den Bewohnern von »Le Flair« nicht wirklich beliebt war, machte sie umso spannender. Für 2017 lautet das Motto des Festivals »Stadt Gestalten«.

ASPHALT Festival · Zentrum Weltkunstzimmer · Ronsdorfer Str. 77a · 40233 Düsseldorf
Tel. 0211/23 94 97 98 · www.asphalt-festival.de · U75, Bus 734, 736 Ronsdorfer Straße

Mit dem Reh auf Du und Du

Gleich neben der Galopprennbahn befindet sich der rund 40 Hektar große Wildpark. Das Besondere daran ist sein Damwild-Freigehege, denn hier kann sich das Wild dem Menschen nähern, und es darf sogar gefüttert werden, mit Kohlrabi, Möhren, Äpfeln, Birnen, Eicheln und Kastanien. Nicht selten stupsen die sonst so scheuen Tiere die Besucher bettelnd an – ein Spaß für Kinder! In naturnah gestalteten Gehegen kann man Waschbären, Wildkatzen, Iltisse, Wildschweine und Füchse bestaunen. Das Bienenhaus und der große Ameisenhaufen sowie ein Teich runden das tierische Angebot ab. Außerdem wurden ein Naturlehrpfad für Kinder und ein großer Spielplatz angelegt.

Wildpark Grafenberg · Dez., Jan. 9–16, Jan., Febr., Nov. 9–17, Febr., März, Okt. 9–18, April–Sept. 9–19 Uhr · Rennbahnstr. 60 · 40629 Düsseldorf · U73, U83, 709 Auf der Hardt

Lust auf rheinische Küche

Die Nordstraße bildet ein eigenes kleines Stadtzentrum mit vielen gemütlichen Läden und Restaurants, und auch, wie in der Altstadt, einem eigenen Brauerei-Ausschank: Im »Himmel und Ähd« bekommt man frisch gezapftes Füchschen-Altbier. Das rheinische Nationalgericht, nach dem das urige Lokal benannt ist, ist nichts für Vegetarier, es besteht nämlich aus angebratener Blutwurst, dazu gibt es Kartoffelpüree, gebratene Zwiebeln und Apfelmus. Speckpfannkuchen, Eisbein und Sauerbraten sind nur ein paar weitere Klassiker der Düsseldorfer Küche hier auf der Speisekarte. Man kann hervorragend frühstücken, außerdem finden viele Veranstaltungen statt: Ob Halloween oder Tanz in den Mai, es gibt immer einen Grund zum Feiern.

»Himmel & Ähd« · tägl. 9–24 Uhr · Nordstr. 53 · 40477 Düsseldorf · Tel. 0211/498 13 61 www.himmel-aehd.de · U78, U79 Nordstraße

Der Grafenberger Wald lohnt sich immer, um der Hektik der Stadt zu entkommen. Ob Stammtisch oder Feierabendbierchen, im »Himmel und Ähd« ist stets was los.

Genießen wie auf Lesbos

Liebhaber griechischer Küche sind im Natural Greek Food genau richtig. Hier gibt es alles, was das Herz begehrt. Ausgesuchte Produkte von kleinen Herstellern, die vom Erzeuger direkt ihren Weg nach Düsseldorf nehmen. Und wer auf der Suche nach einem feinen Geschenk ist, wird hier sicher fündig werden.

Fast hat man das Gefühl, im Dorfladen einer griechischen Insel gelandet zu sein. Man schmeckt förmlich das Salz des letzten Urlaubs auf den Lippen, betrachtet man die Auslagen der Regale. Die sind gefüllt mit Köstlichkeiten wie Olivenöl, Essig, Oliven und Olivenpaste, Raki oder Weinen von kleinen Gütern. 80 Prozent der Produkte kommen von der Insel Lesbos und von handverlesenen Bio-Lieferanten. Natural Greek Food gepaart mit der unnachahmlichen griechischen Gastfreundschaft. Mehrmals im Jahr gibt es Weinabende mit Verköstigungen – ein Muss für jeden Fan der griechischen Lebensart.

▶ **Schräg gegenüber befindet sich das jüdische Restaurant »Die Kurve«, ein trendiges Lokal mit hervorragenden Gerichten aus dem Nahen Osten, an einigen Abenden auch Livemusik (www.die-kurve.de).**

Der Besitzer, Stratos Moschovis, erzählt von seiner Liebe zum Olivenöl, die er entdeckte, als er ab 2003 für drei Jahre auf seiner Heimatinsel Lesbos lebte. Sein Großvater war dort einst ein Vorreiter der Olivenöl-Produktion gewesen, hatte er doch 1928 die erste private Ölmühle eröffnet. Stratos gefiel all das: die Nähe zur Natur, die Ernte, das Pressen der Früchte – und das gute Ergebnis. Zusammen mit seinem Freund Grigori reifte so die Idee, Olivenöl unter eigenem Label herzustellen. 2006 kam Stratos nach Deutschland zurück und arbeitete in der Gastronomie, während Grigori auf Lesbos alles für eine eigene Produktion vorbereitete. Anfang 2010 war es so weit, die erste Palette Geras Bio-Olivenöl traf in Düsseldorf ein. Das grüne Gold fand schnell Abnehmer. Bald folgten auch andere Produkte von Freunden, und die Nachfrage wuchs und wuchs auch hier. So eröffneten Stratos und Verena 2013 diesen Laden und erfüllten sich damit ihren Traum.

Natural Greek Food · Di–Fr 10–18, Sa 10–14 Uhr · Tel. 0211/54 41 39 92 · Gneisenaustr. 26
40477 Düsseldorf · www.naturalgreekfood.de · Straßenbahn 701, 705 Dreieck

Die feinen Produkte aus kleinen Betrieben bieten sich auch gut als Geschenke an.

Baden wie zu Kaisers Zeiten

Wer vermutet schon Kunstausstellungen in einer Schwimmhalle aus Kaisers Zeiten? Auch Orchesterkonzerte und Vernissagen machen die Münster-Therme zu einem kulturellen Badeerlebnis. Außerdem beherbergt die Grande Dame der Bäder in Düsseldorf einen besonderen Raum der Entspannung, die Salzgrotte.

Bei der Eröffnung der Münster-Therme im Jahr 1902 war sie eines von vielen Kaiserbädern in Deutschland. In dieser Zeit entdeckten die Menschen das Vergnügen, in großen Hallen zu schwimmen, und heilende Bäder kamen in Mode. Die Münster-Therme ist eines der wenigen dieser Anlagen, die bis heute existieren und steht daher auch unter Denkmalschutz. Im Zweiten Weltkrieg wurde sie von einem Bombenangriff wie durch ein Wunder nur im Eingangsbereich getroffen und konnte bereits 1945 wieder geöffnet werden. Vom einstigen Gründerzeitbau hatte man damals viele Elemente entfernt und

Die Türen der Umkleidekabinen stammen fast alle noch aus der Gründerzeit des Bades.

ihn modernisiert. Erst als das Bad 2003 saniert wurde, gab man ihm viel vom alten Jugendstilcharme zurück.

Die große Schwimmhalle mit ihrer hohen Decke ist auf zwei Stockwerken gesäumt von Umkleidekabinen. Ein Solebecken, Saunas, der Physiotherapiebereich und die Salzgrotte Kristall runden das Angebot ab. Beim Betreten des Bades fühlt man sich in die 70er-Jahre zurückversetzt: grüne Fliesen, eine große Standwaage, und dann fällt der Blick auf Vitrinen voller Quietscheenten – wer noch eine beisteuern möchte: Es ist noch Platz in den Regalen! Raum gibt es auch für Kunst: Wechselnde Ausstellungen junger Künstler sind durch den Gebäudekomplex verteilt, und während man schwitzt, schwimmt oder sich massieren lässt, wird man sozusagen von Kunstwerken begleitet. Die Ausstellungen werden durch Vernissagen feierlich eröffnet. Zweimal im Jahr wird die Schwimmhalle zum Konzertsaal, auch ein Unterwasserkonzert wurde hier schon aufgeführt, und Autoren haben die Möglichkeit, in der Therme Lesungen zu halten.

▶ **Gleich um die Ecke, auf der Nordstraße 87, dreht sich alles um die Wurst. Im Winter mit Grünkohl oder einfach nur so – Hauptsache Wurst bei »Meister Bock«!**

Münster-Therme · Di–Fr 6.30–21, Sa, So 9–17 Uhr · Münsterstr. 13 · 40477 Düsseldorf
Tel. 0211/957 45 27 · www.baeder-duesseldorf.de · Straßenbahn 701, 705, 707 Dreieck

Die neogotische Kapelle mutet wie ein Schloss an.
Einige Grabstätten auf dem Millionenhügel zeigen imposante Säulenarchitektur.

Spaziergang zwischen Gräbern

Von der Friedhofskapelle im neugotischen Stil bis zum Millionenhügel, vorbei an Engeln und Christusstatuen bis hin zu den Göttern des Olymps – auf dem Nordfriedhof spielt Status keine Rolle, hier liegt der kleine Bürger neben dem großen Mann des öffentlichen Lebens friedlich vereint.

Geht man durch das Tor des Nordfriedhofs, wird es gleich stiller, der vorbeirauschende Verkehr der sechsspurigen Straße tritt in den Hintergrund, und man taucht ein in diesen wunderbaren Park. Zunächst passiert man die im Jahr 1884 im neogotischen Stil erbaute Friedhofskapelle und gelangt linker Hand zum ältesten Grab der Anlage, dem Familiengrab der Hoeltgens, mit einer Bronzeskulptur, die vor dem Tor zur Ewigkeit einladend die Arme erhebt. Folgt man dem Weg weiter, kommt man zum sogenannten Millionenhügel, hier fanden bedeutende Industrielle oder Bankiers ihre letzte Ruhestätte, wie etwa die Familien Lueg, Poensgen und Trinkaus. Die Grabstätte von Robert Zapp ist wohl die auffälligste, man erkennt sie gleich an dem Sarkophag, der das Gesamtkunstwerk mit dem säulengestützten Torbogen und der riesigen Bronzeurne beherrscht. Das Grab von Treuhand-Vorstand Detlev Rohwedder erinnert an den letzten tödlichen Anschlag der RAF am 1. April 1991, dem er zum Opfer fiel. Abseits von Millionenhügel liegt das Familiengrab der Henkels, eine große Rotunde, an einen griechischen Tempel erinnernd, im Inneren eine sitzende Frau.

Doch nicht nur reiche Industrielle ruhen auf diesem schönen alten Friedhof, auch Kunstmäzenin Johanna »Mutter« Ey, die Schriftstellerin Clara Viebig oder Theodor Löbbecke, der Naturforscher, nach dem auch der Aqua-Zoo benannt ist. Und natürlich auch unbekannte Menschen mit unscheinbaren Grabtafeln. So wandelt man immer weiter unter den riesigen Bäumen, deren Zahl allerdings sehr dezimiert wurde vom Sturm Ela, der 2014 über Düsseldorf fegte. Ein Lageplan vor der Kapelle gibt einen guten Überblick über die Anlage. In den Sommermonaten veranstaltet die Stadt Führungen.

Nordfriedhof · Am Nordfriedhof 1 · 40468 Düsseldorf · Straßenbahn 705 Nordfriedhof

Haute Couture in Pempelfort

Der schönste Tag im Leben soll natürlich in einem entsprechenden Kleid gefeiert werden. Und wer es exklusiv mag, der sollte sich dafür bei Himmelhochzwei einfinden, dem wunderbaren Atelier von Peter Krell. Seine Kreationen umfassen nicht nur Braut-, sondern auch Abendkleider, und was Schickes fürs Standesamt ist ebenso dabei wie für den Abiball. Krell bearbeitet Stoffe auf ungewöhnliche Weise: Die Optik von gerissenen Musselinstoffen, die dann wieder zusammengenäht werden, ist fantastisch. Der Modedesigner legt Wert auf hochwertige Materialien, ebenso auf deren Herkunft. In dem kleinen Atelier gibt es Haute Couture zu erschwinglichen Preisen.

Himmelhochzwei · Mi–Fr 11–18, Sa 10–16 Uhr · Kapellstr. 2a · 40479 Düsseldorf
Tel. 0211/15 94 31 53 · www.himmelhochzwei.com · U78, 79 Nordstraße

Was vom Bahnhof übrig blieb

Auf dem Areal des ehemaligen Güterbahnhofs in Derendorf sind schicke Wohnhäuser gebaut worden. Übrig geblieben ist noch ein kleines Stück vom alten Bahnhofshaus, und hier befindet sich das sehr gemütliche »Olio«. Speisekarte – Fehlanzeige, das Tagesangebot entnimmt man der Wandtafel. Etwa Jakobsmuscheln auf Spinat-Ingwer-Salat oder japanisch angehauchte Spaghetti Bolognese – einfach überraschen lassen.

Etwas weiter Richtung Franklinbrücke liegt das nächste Überbleibsel: Die »Sennhütte« ist im alten Bahnwärterhäuschen untergebracht, von der Terrasse aus überblickt man die Gleise darunter. Und genießt Alpenromantik pur, mit deftigen bayerischen Schmankerln wie Haxe oder Kaiserschmarrn.

»Olio« · Tägl. 11–1 Uhr · Schimer Str. 56 · 40237 Düselldorf · **»Zur Sennhütte«**
Mo–Do 16–24, Fr, Sa 16–2, So 12–23 Uhr · Rethelstr. 96 · 40235 Düsseldorf · S1, S6 Wehrhahn/Zoo

Außergewöhnliche Braut- und Abendgarderoben für den einen, ganz großen Anlass
Bayerische Gemütlichkeit auf den Bierbänken in der »Sennhütte«

Zu Gast bei Felicitas

Versteckt in einem schönen Hinterhof in Rath liegt das Atelier von Felicitas Lensing-Hebben. Die Künstlerin, die weltweite Anerkennung für ihre außergewöhnlichen Skulpturen erhält, sagt über ihre Arbeit: »Für Kunst braucht es nichts, nur einen offenen Sinn.«

Unter kupferrotem Haar leuchten Felicitas Augen, wenn sie ihre Gäste begrüßt, und sofort hat man das Gefühl, etwas ganz Besonders zu sein. Sie strahlt eine Kraft aus, die fasziniert – Optimismus, gepaart mit Lebensfreude und Schaffensdrang. Das lichtdurchflutete Atelier mit großem Tisch und Küchenzeile wirkt wie die gemütliche Wohnküche in einem Bauernhaus. An den Wänden stehen auf Simsen kleine Bronzefiguren, die »Erdkleider« genannten Kleider aus Ton und Malereien daneben geben warme Farbakzente. In einer Ecke steht der Brennofen. Spätestens in der Skulpturenhalle aber, deren große Fenster in den verwunschenen Garten zeigen, ist man überwältigt. Vor dem großen Gong an der Stirnseite stehen die überlebensgroßen Skulpturen aus Ton und ziehen den Betrachter in ihren Bann. Die »Königin des Lichts« etwa mutet in ihrer hellen Farbe mit den vielen Gravuren an wie eine altägyptische Statue. »Der Hüter der nubischen Winde« hingegen hat die Farbe changierenden Wüstensandes, er sieht maskulin aus. Wieder andere Werke assoziiert man mit Weite, Freude, Unnahbarkeit, die Interpretation liegt ganz im Auge des Betrachters. Felicitas erklärt, dass die über zwei Meter hohen Skulpturen aus acht Elementen bestehen, in Anlehnung an die ideale Gestalt nach Leonardo. Diese Teile setzt sie in Präzisionsarbeit aufeinander und fügt stützende Metallstangen ein, die wie Wirbel das Rückgrat der Stelen bilden. Jeden ersten Mittwoch im Monat finden in diesem tollen Rahmen die »Ateliergespräche« statt, bei denen Menschen ganz unterschiedlicher Disziplinen und Fachrichtungen von ihrem Schaffen berichten.

▶ **Dienstags und samstags** findet auf dem Hülsmeyer Platz der Bauernmarkt statt. Regional, saisonal, immer frisch. Dienstags ist dort einer der wenigen Pferdemetzger Düsseldorfs.

Atelier Felicitas Lensing-Hebben · nur nach Vereinbarung · Tel. 0211/621 88 44 · Helmutstr. 14
40472 Düsseldorf · www.felicitas-lensing-hebben.de · Straßenbahn 701 Rath Mitte

Die archaisch wirkenden hohen Stelen ziehen alle Betrachter in ihren Bann.

Die scheuen Alpakas haben bereits Zutrauen zu den Besuchern gefasst.

Ein Spaziergang mit Alpakas

Auf den Hund gekommen sind ja viele, aber auf Alpakas? Auch das gibt's, und man kann sogar mit ihnen spazieren gehen und sich von den sanftmütigen Tieren bezaubern lassen. Die Ruhe und Gelassenheit, die sie ausstrahlen, wenn sie aus ihren kugelrunden Augen unter dem Wuschelfell hervorschauen, ist unbezahlbar.

Michaela Maluche und ihr Mann Detlef haben sich 2009 in diese einzigartigen Tiere verliebt, während eines Urlaubs in Südtirol. 2011 begannen sie mit ihrer eigenen Zucht. 2012 war der erste Nachwuchs zu verzeichnen, heute besteht die Herde aus zehn Tieren. Tuna ist die älteste und wurde vor zehn Jahren in Chile geboren. Sie kam zusammen mit Quimbaya nach Düsseldorf. Diese, so erklärt Michaela mit strahlenden Augen, sei das Kuscheltier der Herde, das sich gerne streicheln lässt. Valerio der Erkunder, liebt es, neue Wege zu gehen. Sein bester Freund ist der zweite Wallach Cajus. Man sieht sie meist gemeinsam auf der Weide – echte Männerfreundschaft unter Alpakas. Alpakas sind Fluchttiere und eher scheu, es braucht eine gewisse Zeit, bis sie Vertrauen zu Menschen gefasst haben. Das geht am besten mit Ruhe und Geduld. Alle erwachsenen Tiere sind halterführig und lieben Spaziergänge. Michaela und Detlef zeigen den Gästen, wie sie die Halfter anlegen, und nach ein paar Erläuterungen und Übungen kann es losgehen. Raus in die Natur, mit dem Alpaka auf Du und Du. Man kann die einzelnen Tiere aber auch einfach nur auf der Weide hautnah kennenlernen.

Bei den Maluches dreht sich das ganze Jahr um dieses Thema. Immer im November können Besucher die Tiere am »Tag der offenen Weide« aus der Nähe bestaunen. Dabei erfährt man viel Wissenswertes über die wunderschönen Wolllieferanten. Gleichzeitig werden Fair-Trade-Produkte, Stolas, Schals, Socken, Handschuhe, Mützen und anderes mehr verkauft, die in Peru von der Wolle dort lebender Tiere gefertigt werden. Auch in der Weihnachtszeit ist der kleine Showroom geöffnet, denn die sehr weichen Alpakaprodukte sind beliebte Geschenke.

Rheinland-Alpakas · Michaela & Detlef Maluche · Shop: Auf der Hofreith 42 · 40489 Düsseldorf
Öffnungszeiten s. Website · Besuch der Tiere n. Vereinb. · Tel. 0177/310 72 72
www.rheinland-alpakas.de

Ein Laden nur für Prinzessinnen

Ein Besuch bei Punch & Judy ist wie ein Sprung in die Villa Kunterbunt. Das Motto »Wir machen uns die Welt, wie sie uns gefällt« wird in dieser Boutique gelebt. Die ausgefallene Dekoration, die kreativen Kollektionen und die Herzlichkeit der Menschen lässt einen den Alltag für einige Zeit vergessen.

Man kann es gar nicht verfehlen, das ehemalige Bauernhaus aus dunklen Backsteinen mit den rosafarbenen Fensterläden. Das pinkfarbene Pferd vor dem Gebäude zieht unweigerlich die Aufmerksamkeit auf sich, bevor man auf einem für Prinzessinnen reservierten Stellplatz parkt. Auf das Läuten an der Tür folgt Hundegebell aus dem Lautsprecher. Die Tür wird geöffnet, und Quentin, eine deutsche Dogge, schnüffelt freundlich am Neuankömmling, bevor er wieder im rosa Hundebett verschwindet. Mit dem Begrüßungsgetränk in der Hand blickt man sich um und ist wie verzaubert von der ungewöhnlichen und farbenfrohen Inneneinrichtung. Ein Peacezeichen an der Wand aus Kunstblumen, daneben Nagellackfläschchen, Puderdosen, und andere Schminkartikel. Ein Hirschgeweih als Kronleuchter, kitschige Heiligenbilder oder alte Blumenteller an den Wänden. Pinkfarben bemalte Bauernschränkchen, malvenfarbene Kommoden, ein pastellgrüner Schrank, rosa Blümchentapeten – alles in Eigenarbeit liebevoll zusammengestellt.

Und dazwischen natürlich Mode: Seit zwölf Jahren sucht Sandra Cornielje die Labels und Marken selbst aus. Europaweit ist sie auf der Suche nach neuer, ausgefallener Ware. Neben hochwertiger Hippie-Ibiza-Mode mit bunten Blusen und Kleidern, die Lust auf einen Bummel an der Strandpromenade machen, führt sie auch Kombinationen aus Tuniken, Hosen, Röcken, Jacken und Pullovern. Ohrringe, Ketten und Armreifen glitzern und funkeln auf den Tischen zwischen Foulards und Taschen. Im hinteren Teil des Ladens findet man ausgefallene Geschenkartikel: Zahnbürstenhalter in Pudelform, kunterbunt angemalte Henkelmänner, Seifenschalen, Bücher, alles verrückte und schöne Dinge, die man Freundinnen mitbringen kann.

Punch & Judy · Mo–Fr 11–19, Sa 11–16 Uhr · Niederrheinstr. 198 · 40474 Düsseldorf
Tel. 0211/405 15 05 · www.punch-and-judy.eu · U79 Alte Landstraße

Ausgefallen, weiblich, wild, präsentiert im zauberhaften Ambiente von Punch & Judy

Auf der Terrasse des Cafés lassen sich laue Sommerabende genießen.

Startklar zum Abschalten

Eine friesische Teestube in Düsseldorf geht nicht so gut. Aber ein Kunst-Café mit Wohnzimmer-Wohlfühl-Ambiente, in dem man hausgemachten Kuchen, Kakao und den guten alten Filterkaffee bekommt – das wird gerne besucht. Und den friesischen Tee mit Sahne und Kluntjes, den gibt es auch im »Café Startklar«.

2006 fanden Marie Heckhoff und Beate Vielhaus in Lohausen dieses Wohnhaus aus den 1950ern, mit großem Garten und alten Bäumen. Sie konnten sich endlich ihren Traum erfüllen: ein eigenes Café. Der Plan einer friesischen Teestube wurde aber verworfen – zu unpassend für diese Gegend.

Mit viel Liebe und Herzblut richteten die Frauen nun das Haus her. Und seit 2006 umfängt einen der Duft von frisch gebackenem Kuchen und Kaffee, wenn man durch die Tür tritt. Durch den Flur gelangt man in das geräumige Wohnzimmer, das immer noch eine ganz private, heimelige Atmosphäre ausstrahlt mit seinen verschiedenen Tischen und Stühlen, der kleinen Leseecke, dem Kachelofen und den Bildern an den Wänden. Diese Bilder gehören zu Ausstellungen von Malern der Umgebung, denn das »Café Startklar« ist auch Sitz des Vereins Kunstsinnig e.V. Die Ausstellungen wechseln häufig und geben damit möglichst vielen Künstlern Raum. Auch die literarischen und musikalischen Vorträge sind inzwischen eine Institution, und an manchen Sonntagen heißt es um 17 Uhr »Nach dem Kaffee und vor dem Tatort!« Die Besitzerinnen verschreiben sich mit Café und Aktivitäten ganz dem Motto: »Kunst und Kultur haben dafür da zu sein, dass es Menschen besser geht« (Thees Uhlmann).

▶ Wer Deftiges liebt, der sollte sich auf der Niederrheinstraße 133 den Brauerei-Ausschank »Zur Alten Töpferei« nicht entgehen lassen. Essen wie aus Omas Küche!

Vom Gastraum aus eröffnet sich der herrliche Blick auf den Garten und die kleine Terrasse. Sie ist ganz unspektakulär, lädt aber wunderbar zum Relaxen ein: Hier an einem lauen Sommerabend bei einem Glas guten Wein mit Freunden sitzen – das ist ein Stück Urlaub vom Alltag.

»Café Startklar« · Di–So 13.30–19 Uhr · Niederrheinstr. 182 · 40474 Düsseldorf
Tel. 0211/566 08 46 · www.kunstsinnig-cafe.de, wwwcafe-startklar.de

Wer in Ruhe schmökern will, ist in dieser Buchhandlung goldrichtig.
Und fachkundige Beratung hilft, sich im großen Sortiment zurechtzufinden.

Eine Buchhandlung zum Verweilen

Was gibt es Schöneres für einen Bücherwurm als eine kleine, schmucke Buchhandlung mit großer Auswahl, guter Beratung, mit Sitzecken zum Stöbern und Schmökern, kombiniert mit kompetenter Beratung? »Lesezeit« hält, was der Name verspricht.

Kleine Buchhandlungen sind leider im Stadtbild rar geworden, die bestehenden definieren sich neu, erweitern ihre Angebote und haben sogar eigene Onlineshops. Sie folgen, um wirtschaftlich überleben zu können, dem Trend der Zeit. So auch »Lesezeit« unweit vom Kaiserswerther Markt. 2004 eröffnete Karin Esch den Laden, mittlerweile hat Tochter Christine die Geschäftsführung übernommen. Zusammen mit ihrem Team möchten sie »Lesezeit« als interaktive Buchhandlung führen. Der Kunde findet ein großes Sortiment an Büchern, DVDs, Reiseführern und auch eine große Auswahl an E-Readern und E-Books.

▶ **Auf der anderen Seite des Marktes liegt die kleine Eisdiele »Lido«. Seit 1960 stellt Signora Wild hier feinstes Speiseeis ohne Zusatzstoffe her. Das Warten lohnt!**

Doch dazu noch viel zusätzlichen Service: Antiquarische Werke besorgen die Buchhändler ebenso wie Literaturlisten zu Autoren. Lernhilfeberatung kann man in Anspruch nehmen oder sich eine individuelle Reisebibliothek zusammenstellen lassen. Aber einfach auch nur die Ruhe des Ladens genießen und sich von den Fachkräften beraten lassen, während man ein wenig stöbert. Für Kinder bietet die Buchhandlung den »Leseclub«: Leseratten zwischen 8 und 16 Jahren können kostenlos Bücher ausleihen und Rezensionen darüber schreiben, alle paar Wochen werden die Eindrücke des Gelesenen besprochen – ein Club der kleinen Dichter. Die helle Buchhandlung mit großer Terrasse im Hinterhof bietet sich außerdem geradezu an für Ausstellungen und Autorenlesungen, dazu feine Häppchen und ein Glas Wein, manchmal geht es auch musikalisch zu, wenn Jazzmusiker die Saiten ihrer Gitarren zupfen. In der familiären, ungezwungenen Atmosphäre kann man entspannt in die schöne alte Welt der Bücher eintauchen.

Buchhandlung Lesezeit · Mo–Fr 9.30–18.30, Do bis 20, Sa bis 14 Uhr · Kaiserswerther Markt 31
40489 Düsseldorf · Tel. 0211/200 67 26 · www.buchhandlung-lesezeit.de · U79 Klemensplatz

Das Mutterhaus der Diakonie: einst Zentrum der Schwestern, heute ein Hotel

Florence Nightingale und die Diakonissen

Ein Ausflug nach Kaiserswerth lohnt sich immer. Mit dem historischen Dorfkern am Rhein, den kleinen Fachwerkhäusern, der schönen Uferpromenade und der Festung Kaiser Barbarossas aus dem 10. Jahrhundert stellt es ein abwechslungsreiches Ausflugsziel dar.

Ein Bummel durch den Ort bedeutet aber auch, auf den Spuren der berühmtesten Krankenschwester der Welt zu wandeln und die Geschichte der Diakonie zu erkunden: Als der evangelische Pfarrer Theodor Fliedner (1800–1864) im Jahr 1822 die Pfarrei in Kaiserswerth bei Düsseldorf übernahm, herrschte unter den protestantischen Gemeindemitgliedern große Armut, bedingt durch Krankheiten, Arbeitslosigkeit, mangelnde Hygiene und auch durch die Unterdrückung durch die überwiegend katholische Bevölkerung des Rheinlandes. Fliedner nahm Anstoß an den katastrophalen Zuständen der Krankenhäuser und gründete 1836 eine Bildungsanstalt für evangelische Pflegerinnen, entstanden war somit die erste Diakonissenanstalt, der von hier aus bald weitere in Deutschland folgten.

1851 kam dann die Tochter wohlhabender evangelischer Unitaristen hierher, Florence Nightingale (1820–1910), um die Grundlagen des Krankenpflegedienstes zu lernen. Sie fühlte sich von Gott zum Dienst an den Kranken berufen. 1852 kehrte sie nach England zurück, um sich von nun an selbst um ein Ausbildungssystem für Krankenschwestern zu bemühen. Während des Krimkrieges (1853–1856) wurde sie als »Engel mit der Lampe« bezeichnet, der den Schwerverletzten ein Licht brachte, und sie gilt daher bis heute als die Personifizierung von Selbstlosigkeit und Gutmütigkeit. Vor allem aber war sie eine Vorreiterin der modernen Krankenpflege als gesellschaftlich anerkanntem Ausbildungsberuf.

1883 entstanden in Kaiserswerth das Mutterhaus der Diakonie sowie die Mutterhauskirche und das Krankenhaus, alles inmitten eines Parks mit altem Baumbestand. Im Stammhaus am Kaiserswerther Markt ist heute ein Altenstift untergebracht, durch dessen Flure einst Florence Nightingale wanderte.

Diakonie Kaiserswerth · Stammhaus Kaiserswerther Markt 32 · 40489 Düsseldorf
www.kaiserswerther-diakonie.de · U79 Klemensplatz · Rheinfähre von Langst aus
www.rhein-faehre.de

Bei Löffelsends kann man dem Restaurator über die Schulter schauen.

Die Tischlerei im
Herzen Oberkassels

Wer vermutet schon in den schicken Patrizierhäusern entlang der Luegallee einen bodenständigen Handwerkerbetrieb? Im wunderschönen Innenhof der Lanker Straße befindet sich eine Schreinerei der Extraklasse.

Durch das Tor des Backsteingebäudes gelangt man in den verwunschenen Innenhof, an dessen Ende ein Häuschen steht. Linker Hand ein Schaufenster mit Schachbrettern, Polsterstoffen und Schatullen, daneben das weiße Tor der Werkstatt Löffelsend. Angelika und Rolf, beide Tischlermeister, verstehen ihr Handwerk, und das seit 40 Jahren. Sie restaurieren Antiquitäten aus allen Jahrhunderten, wie beispielsweise den schönen Biedermeierschrank im Eck, der nach dem Krieg in einem Gartenschuppen als Kaninchenstall benutzt wurde und jetzt wieder in seiner ganzen Schönheit strahlt. Die hauseigene Polsterei bietet eine große Auswahl an Stoffen und Farben, und ruckzuck machen die Löffelsends aus Alt Neu. Oder auch gleich ganz Neues, denn die Tischlerei stellt auch Möbel und Einbaumöbel her und bearbeitet Brand- oder Wasserschäden. Im Laden neben der Werkstatt fallen erneut die Schachbretter ins Auge. Sie zeigen wunderschöne

▶ **Bei »Maruyasu Sushi« auf der Luegallee (Nr. 95) gibt es frisch zubereitetes Sushi zu günstigen Preisen. Ein leckerer Snack für zwischendurch.**

Intarsienarbeiten und sind eigentlich für jeden Schachliebhaber ein Muss. Rolf mache sie einfach so nebenher, heißt es, so wie andere Leute beim Fernsehen stricken. Eine weitere Meisterarbeit findet sich im Regal gegenüber: Schöne, mit Samt ausgeschlagene Schatullen mit weicher Oberfläche stehen hier zum Verkauf, sie sind aus schwer zu verarbeitendem Rochenleder gefertigt und eine exklusive Geschenkidee. Auch Armbänder aus diesem Leder und andere geschmackvolle Accessoires kann man bei Löffelsends kaufen. Individuelle Beratung – auch bei Fragen zu Einrichtungen oder zur Raumgestaltung –, persönliche Gespräche und die familiäre Atmosphäre machen diese Schreinerei im Hinterhof so speziell.

Tischlerei Löffelsend · Mo–Do 8–17, Fr 8–14 Uhr · Lanker Str. 8 · 40545 Düsseldorf · Tel. 0211/57 86 79 · www.tischler-loeffelsend.de · U-Bahn Belsenplatz

Kräuter und Gewürze, aber auch Mittagessen und Seminare werden hier angeboten.

Eine Bar ermutigt zum Würzen

Scharf oder mild, süß, sauer oder bitter – hier kommt man der Welt der Gewürze auf die Spur. Der gemütliche Shop in einer Seitengasse der Luegallee macht mit einem umfangreichen und außergewöhnlichen Angebot auf sich aufmerksam.

Bei der Würzbar handelt es sich keineswegs nur um einen Kräuterladen, sie ist gleichzeitig Restaurant, Bar, Kochschule und Ort für Seminare. Nicola Kirschbaums Konzept sucht seinesgleichen in der Landeshauptstadt. Natürlich kann man in dem gemütlichen Laden alle möglichen Gewürze kaufen, auch ungewöhnliche, wie etwa Zimtblüten, die hervorragend zu der Zubereitung von Lamm und Wild passen, oder auch Tonkabohnen, deren kaffee-, karamell-, vanilleartiges Aroma ideal bei der Zubereitung von Desserts ist. Es gibt selbst gemischte Kräutermixturen, aber auch exklusive Weine, Essige und Öle fehlen nicht, ebenso eine Handvoll exquisiter Schokoladensorten. Nicola Kirschbaum setzt ihr Wissen auch direkt um, indem sie einen alternativen Mittagstisch anbietet, jeden Tag ein Gericht mit Fleisch, ein vegetarisches und ein veganes. Klar, dass dabei Gewürze im Vordergrund stehen, etwa beim Singapur-Pfefferhähnchen, dem Thai-Curry oder den Lauch-Bulgur-Frikadellen an Wermutsoße.

▶ **Ein paar Schritte weiter in Richtung Rhein bietet das kleine »Theater an der Luegallee« Kabarett, Musik und Komödien im Wohnzimmerambiente (www.theaterluegallee.de).**

Abgerundet wird der Lunch vom Kaffee danach mit selbst gebackenen Kuchen oder hauseigenen Desserts. Wer keine Zeit für ein ausgiebiges Mittagessen hat, kann vom Take-away profitieren. Und wem das alles so gut schmeckt, dass er es daheim nachkochen will, sollte sich für einen »Gewürzorientierten Kochkurs« anmelden, da erfährt man viele Tricks und Kniffe. Spannend sind auch die Seminare, denn man lernt nicht nur vieles über die Verwendung und Herkunft von Gewürzen und ihren Einfluss auf das körperliche Wohl, sondern stellt auch selbst leckere Würzmischungen und Pasten her, die man dann mit nach Hause nehmen kann.

Würzbar · Mo–Fr 10–16, Sa 11–15 Uhr · Oberkasseler Str. 79 · 40545 Düsseldorf
Tel. 0211/165 08 16 · www.wuerzbar.de · U-Bahn Barbarossaplatz

77 Spielewunderland für Groß und Klein

Ein Spielwarengeschäft, das ist doch nur etwas für Eltern – oder solche, die es werden wollen – und Kinder! Völlig falsch gedacht, denn wer einmal die Schwelle des Phantasalto überschritten hat, tritt ein in die Zauberwelt der Spiele für alle Altersklassen.

Zunächst wird gespielt. Direkt nach der freundlichen Begrüßung findet man sich bei einem neuen Kartenspiel wieder, dessen Regeln erklärt werden, und man vergisst total, dass man ja eigentlich nur ein Geschenk für den Kindergeburtstag kaufen wollte. Denn jetzt geht es ums Gewinnen. Wer erkennt die Zeichen auf den Karten am schnellsten? Ach, Kartenspiele sind unerwünscht? Kein Problem, dann probieren wir die Brettspielvariante der »Siedler von Catan« aus, da gibt es doch gerade eine neue Erweiterung. Oder doch lieber etwas Klassisches? Wie wäre es mit einer Partie mit dem guten alten »Scrabble«? Alles wird hier im Laden schnell ausprobiert – obwohl: Manchmal kann das auch schon mal länger dauern. Vielleicht wird auch eher etwas für den Spaß an der Bewegung gesucht? Dann geht man in den Keller und sieht sich in einer Outdoor-Welt, die keine Wünsche offen lässt: Planschbecken, Bälle, Basketballkörbe, Hüpfbälle, Trampoline – und was da im Eck wie die gute alte Frisbeescheibe aussieht, ist »Ogo-Sport«, ein neuartiges Wurfspiel mit einem fluffig weichen Ball und zwei Frisbee-ähnlichen Scheiben.

▶ **Bekannt für wilde Partys und einfach gut: Das »Chateau Rikx«, Szeneclub am Belsenplatz mit kultigem Alternativcharme, ein kleines Gegengewicht zum schicken Viertel.**

Familie Kannegießer betreibt ihr Geschäft bereits seit 20 Jahren, und alle im Team sind eingefleischte Spieler. Jedes neue Produkt testen sie zunächst selbst, wahre Spieleabende finden nach Geschäftsschluss statt, damit der Kunde auch bestmöglich beraten werden kann. Und es ist diese Lust am Spielen, die den Charme des Ladens ausmacht und die Kunden immer wiederkommen lässt. Denn hier kann man wieder Kind sein, ganz unbefangen lachen und für einen Moment ganz ungeniert dem Spieltrieb nachgeben.

Phantasalto · Mo–Fr 9.30–13, 15–19, Sa 10–15 Uhr · Belsenstr. 9 · 40545 Düsseldorf
Tel. 0211/55 13 55 · www.phantasalto.de · U-Bahn Belsenplatz

Kindertraum: Ein Spieleparadies, bei dem kein Wunsch offen bleibt, dazu exzellente Beratung

Im Innenhof kann man herrlich entspannen, die Stadt scheint weit weg zu sein.

Der Düsseldorfer Hanseat

An der Belsenstraße, hinter der Jugendstilfassade des Hauses mit dem stolzen Segelschiff, mitten im Zentrum von Oberkassel, befindet sich ein Kleinod an Hotel. Für die Hoteliers ist Gastgeben eine Herzensangelegenheit, und das merkt man, kaum ist man durch die Eingangstür getreten.

Das hübsche, zentral gelegene Drei-Sterne-Superior-Hotel hat bloß 37 Zimmer, die aber sind sehr persönlich gestaltet. Es gibt Mansardenzimmer, asiatische oder englische oder auch solche im Landhausstil – alle mit viel Liebe zum Detail eingerichtet. Auch am Komfort wird nicht gespart, so sind die Kopfkissen ergonomisch geformt und die Matratzen besonders sorgsam ausgewählt, sodass auch Gäste mit Rückenproblemen guten Schlaf finden können. Hunde sind übrigens willkommen, und damit auch die sich wohlfühlen, gibt es Decken und den passenden Napf für den Vierbeiner. Er soll genauso integriert sein wie Herrchen und Frauchen, sagt Katrin Johannsen, Betreiberin des »Hanseat«, und streichelt ihrem Windhund Bentley über den Kopf.

Das »Hanseat« hat einen wunderschönen Innenhof, in dem man entspannen kann, umgeben von Pflanzen genießt man hier im Sommer seinen frischen Drink. Im Winter bietet sich wiederum

▶ **In der Galerie Burkhard Eikelmann finden spannende Ausstellungen moderner Klassiker und zeitgenössischer Kunst statt (Di–Fr 11–19, Sa 10–14 Uhr, Dominikanerstr. 1).**

die mit englischen Stilmöbeln eingerichtete Bibliothek für ein gemütliches Beisammensitzen an. Der Bücherschrank ist gefüllt mit Literatur für jeden Geschmack, und man fühlt sich augenblicklich wie in England, lehnt man sich dann in den bequemen Ledersofas und Sesseln zurück. Beim Frühstück hingegen, mit seinem sehr reichhaltigen Büffet, scheint Hamburg wieder näher zu rücken: Der weiß getäfelte Raum mit den Kronleuchtern und Schiffsbildern lässt an die Hansestadt denken und weist auf die Gründer des Hotels hin, die nämlich tatsächlich von dort oben waren, und, logisch, dem Haus auch seinen Namen verliehen.

»Hotel Hanseat« · Belsenstr. 6 · 40545 Düsseldorf · Tel. 0211/55 02 72 0
www.hotel-hanseat.de · U-Bahn Belsenplatz

Kaffee aus Düsseldorf, exklusiv geröstet

Von außen mutet die »Kaffeeschmiede« an wie ein normales, gemütliches Café. Doch hinter der Fassade steckt mehr: Tamas Fejer zelebriert Kaffee, und das zu Recht, ist er doch Chef-Diplom-Kaffee-Sommelier der Wiener Schule und deutscher Röstmeister.

In der »Kaffeeschmiede« geht es den ganzen Tag hoch her: die Tasse vor der Arbeit, in der Pause, nach dem Mittagessen oder am Nachmittag mit einem süßen Kuchenstückchen… Nicht nur trinken kann man ihn hier, sondern auch kaufen, denn Tamas, der Düsseldorfer mit ungarischen Wurzeln, röstet selbst. Er bevorzugt Arabica-Bohnen, denn die sind magenschonender, sagt er, und in unterschiedlichen Röstverfahren erreichen sie verschiedene Geschmacksnoten. Seine Augen glänzen, wenn er über Kaffee redet, und deshalb bietet er Kaffeeinteressierten Seminare an. Man erfährt viel über das globale Kulturgetränk und seine Geschichte. Bereits 1554 eröffnete in Konstantinopel das erste Café, und von dort verbreitete sich das schwarze Gebräu. War früher Bier Deutschlands Frühstücksgetränk Nummer eins, wurde das bald der Kaffee. Kaffeebohnen werden immer im Rohzustand in ihre Bestimmungsländer importiert und vor Ort verarbeitet. Während man sein eigenes Päckchen röstet, lernt man viel über den mühsamen Anbau, die Ernte und den optimalen Genuss durch richtige Zubereitung. Die Seminare sind so spannend, anschaulich und interaktiv, dass man schier das Gefühl bekommt, man habe selbst noch den Schlamm der Plantagen an den Gummistiefeln, wenn man zur Tür hinausgeht. Dann hat man auch die kleine Fibel in der Hand, in der man alles noch einmal nachlesen kann. Die Seminare finden in Tamas' Rösterei in Heerdt statt, in der er mittlerweile mehr als zwölf Tonnen Kaffee im Jahr verarbeitet. Bei ihm wird nicht nur Wert auf fairen, sondern auch auf direkten Handel gelegt: Es gibt lediglich einen Zwischenhändler auf dem Weg der Kaffeebohnen zum Röster.

> ▶ Im »Café Muggel« an der Dominikanerstraße 4 gibt es im Souterrain ein sehr gutes Programmkino mit toller Filmauswahl, auch für Kinder.

»Kaffeeschmiede« · Mo–Fr 9–18.30, Sa–So 10–17 Uhr · Belsenstr. 11 · 40545 Düsseldorf
Tel. 0211/695 74 75 · www.kaffeeschmiede.de · U-Bahn Belsenplatz

Tamas liebt Kaffee – und er weiß ihn auch zuzubereiten wie niemand sonst.

Hier kommen Vierbeiner voll auf ihre Kosten –
und dürfen nach Herzenslust schnuppern und probieren.

Wo sich alle Rassen pudelwohl fühlen

Bei Dogsmopolitan fühlen sich Hunde vermutlich wie im Paradies – und ihre Besitzer sehr willkommen. Im Vintagestil gestaltet, bietet die Hundeboutique eine außergewöhnliche Auswahl für Vier- und Zweibeiner, alles handverlesen und so gesund!

Viola Jeschke begrüßt die Kunden mit einem strahlenden Lächeln, Snoepje, ihre Pointer-Mix-Hündin, hebt den Blick und rollt sich gleich wieder zusammen in ihrem kuscheligen Hundebett. Snoepje ist das holländische Wort für Leckerli oder Bonbons, erklärt Viola, und Holland war auch die Inspirationsquelle bei der Gestaltung der kleinen Hundeboutique mit erlesener Ware. Nach dem BWL-Studium und mehreren Jahren Marketing im internationalen Bereich, entschloss sich Viola, einen Hundeladen der ganz anderen Art zu eröffnen. In den Schubladen der Holzregale liegen für die geliebten Vierbeiner jede Menge Leckereien aus biologischem Anbau und von Ernährungsexperten, so gibt es getrocknetes Rind mit Fell, Hirschohren, getrocknete Hühnerhälse, Herzen und Kalbshufe für den harten Kauspaß – ein wahres Festmahl an Leckereien. Neben diversen Futtermarken, ob Trocken- oder Nassfutter, bietet Dogsmopolitan auch Zubehör für den vierbeinigen Freund. Schöne Hippie-Halsbänder lassen Ibiza-Feeling aufkommen, die Leine gibt es passend dazu. Gemütliche Körbchen, Hundeschlafsäcke und Decken aus Naturfasern kann Herrchen erwerben, hier darf der Liebling auch schon mal Probeliegen. Spielzeug aus Plüsch in Form von Krabben oder Knochen, Näpfe und Fressbars, Bademäntel und Schlechtwetterkleidung für den Wauzi. Aber auch Frauchen darf sich freuen, denn das erlesene Sortiment an Regenmänteln und Outdoorjacken kann sich sehen lassen. Außerdem ist Viola Hunde-Ernährungsberaterin für biologisches, artgerechtes, rohes Futter und steht bei Fragen gern mit Rat und Tat zur Seite.

▶ **Austernfans und Fischliebhaber kommen bei »Andrej's Oyster Bar & Restaurant« auf ihre Kosten. Fangfrisches gibt es hier an der Luegallee 125, www.andrejs.eu.**

Dogsmopolitan · Mo–Fr 10–14, 15–19, Sa 10–16 Uhr · Belsenstr. 15 · 40545 Düsseldorf
Tel. 0211/43 63 74 73 · www.dogsmopolitan.de · U-Bahn Belsenplatz

81 Immer höher auf dem Fest der Superlative

Neun Tage lang feiern die Düsseldorfer ein Schützenfest zu Ehren des Heiligen Apollinaris, des Schutzpatrons der Stadt. Und zu seinen Ehren wird nebst dem Schützenfest auch die größte Kirmes am Rhein aufgebaut – Ausnahmezustand in der Landeshauptstadt.

Bei der Rheinkirmes tritt für den Besucher das Schützenfest allerdings deutlich in den Hintergrund, zu sehr überbieten sich die Fahrgeschäfte und Schausteller mit Superlativen. Seit 2016 geht es mehr und mehr in die Höhe, und so hatte 2016 der Hangover Tower in Düsseldorf Weltpremiere, ein 85 Meter hoher Freifallturm, das höchste Gebilde auf dem Kirmesplatz in Oberkassel – zum Vergleich: Das Dreischeibenhaus in der Innenstadt hat 94 Meter. Gefolgt wird er vom Condor, dem 80 Meter hohen Kettenflieger, der wiederum das Riesenrad mit seinen 55 Metern überragt. Alles nur für Schwindelfreie! Beim Infinity, dem höchsten Looping der Welt, kann es einem schon mal den Magen umdrehen, wenn man sich in 65 Metern oben überschlägt.

▶ **Es gibt einen Pendlerparkplatz an der Messe (fürs Navigationssystem: »Am Staad«), von hier verkehren dann Busse im 15-Minuten-Takt bis 2 Uhr morgens.**

Natürlich fehlt Kulinarisches nicht: Im französischen Dorf mit seinen hübsch geschmückten Fassaden gibt's Crèpes, Austern, Pain Baignat und andere frankophone Delikatessen. Das Tiroler Dorf wiederum, mit jeder Menge Alpenromantik, Livemusik und DJs, bietet deftige Schmankerln – Dirndl an, und auf geht's.

Was manche vielleicht nicht wissen: Schon seit 40 Jahren gilt der Montag als Pink Monday, als Schwulen- und Lesbentag. Er hat sich inzwischen zum größten »Regenbogenevent« der Stadt entwickelt, mit rund 50 000 Teilnehmern von überallher. Ein Schwarm von Pink sammelt sich dann vor der »Schwarzwald-Christel« und verbreitet ausgelassene Stimmung über den Kirmesplatz. Dann wird in den Festzelten der heimischen Brauereien gerockt, was das Zeug hält, und Düsseldorfer Kultbands wie Porno Al Forno geben ihr Können zum Besten, und das bis tief in die Nacht.

Größte Kirmes am Rhein · 3. Juliwoche (inkl. Wochenende davor), tägl. ab 14 Uhr
Oberkassel-Rheinwiesen · Bus 835 Jugendherberge-Düsseldorfer Straße

Neben Hightech-Fahrgeschäften halten sich immer noch nostalgische Kettenkarussells.

Mit Blick auf den Rhein lässt es sich bei Guy de Vries sehr gepflegt speisen.

Gourmetgenuss am Fluss

Direkt am Rhein sitzen, den vorbeiziehenden Binnenschiffen zuschauen, die Flugzeuge auf der gegenüberliegenden Rheinseite bei Start oder Landung beobachten und dabei die Abendsonne bei einem ganz besonderen Dinner genießen, das bietet das elegante »Landhaus Mönchenwerth«.

Das schöne Ambiente direkt am Rheinstrand, ob mit der sommerlichen Terrasse oder der winterlichen Auenlandschaft, begeistert alle Gäste. Aus großen Fenstern blickt man auf die Flusslandschaft im Wechsel der Jahreszeiten, an lauen Sommerabenden lädt der Garten mit den alten Platanen zum Verweilen ein. In den Rheinauen gelegen, war das Löricker Werth einst eine Insel im Strom, und im Jahr 1694 errichteten die namensgebenden Trappistenmönche dort ein landwirtschaftlich genutztes Anwesen. Mönchenwerth landete im Laufe der Jahre linksrheinisch an und diente fortan als Treidelstation und Gasthof.

In dem denkmalgeschützten stattlichen Haus pflegt seit 2001 der Elsässer Guy de Vries die gastliche Tradition, mit der er vorher mit seinem Restaurant »Himmel und Erde« in Bilk seine Gäste verwöhnte. In Düsseldorfer Singsang erzählt er über seine Leidenschaft zum Kochen, die sich auf der abwechslungsreichen Speisekarte mit französischen Akzenten bemerkbar macht. Klassiker sind die Medaillons vom Hummer mit Avocado, das Tartar vom Charolais-Rind, Lammkarree mit Pistazienkruste oder der Steinbutt mit grüner Tomatenemulsion. Wem hier schon das Wasser im Mund zusammenläuft, der sollte sich auf Austern, geschmorte Rinderbäckchen, Bouillabaisse Marseillaise und Kalbsleber Provençale freuen. Traditionelles gehört ebenso auf die Karte wie moderne Kreationen, die Küche bietet Genuss auf hohem Niveau. Der Ort selbst mit der gediegen-eleganten Atmosphäre ist ein Traum für Hochzeiten, runde Geburtstage, Weihnachtsfeiern – einfach fürs Besondere. Mit der Übernahme von »Landhaus Mönchenwerth« hat Guy de Vries ein Stück Büdericher Geschichte wiederbelebt.

»Landhaus Mönchenwerth« · Di–So 18–24 Uhr, So auch 12–15 Uhr · Niederlöricker Str. 56
40667 Meerbusch-Büderich · Tel. 02132/75 76 50 · www.moenchenwerth.com

83 Tierischer Badespaß

Was gibt es an einem heißen Sommertag Besseres, als raus aus der Stadt zu fahren und sich im Freibad die Sonne auf den Pelz brennen zu lassen, die laue Brise um die Nase zu genießen und dazu eine Tüte »Pommes Fortuna« zu essen? Und auch Hunde freuen sich übers Paddeln im Pool – zumindest einmal im Jahr.

Nach dem langen Marsch vom Parkplatz zum Bad passiert man zunächst das »Sonnendeck«. Hier in der Strandbar sitzt man mit Cocktail im Liegestuhl, die Füße im Sand, chillige Musik tönt aus dem Lautsprecher. Gleich dahinter befindet sich der Eingang zum Strandbad Lörick, und dann tun sich große Liegewiesen auf, die weit bis zum Rheinarm hinunter abfallen. Am Strand des Flussarms kann man Sandburgen bauen oder einfach nur relaxen und auf die riesigen alten Bäume am anderen Ufer schauen. Kindergeschrei und Gelächter tönt von den kleineren Becken her, für die ganz Kleinen sogar noch extra

Alle lieben das Löricker Freibad: Menschen und – nach der Saison – auch Hunde.

mit Sonnensegeln geschützt. Das 50-Meter-Becken öffnet unter der Woche bereits um 6 Uhr, sodass Schwimmer schon vor dem Büro ihre Bahnen im Freien ziehen können. Nach der Mittagshitze findet der Beachvolleyballplatz großen Zuspruch, ebenso beliebt sind die Basketballfelder. Jugendliche spielen im Schatten einiger Bäume Fußball.

Seit 2016 wird's am Ende der Saison an einem Tag in Lörick tierisch: Dann ist Hundebadetag! Da das Bad in den nächsten Monaten brach liegen wird, wird das Wasser nicht mehr neu gechlort, und das Chlor aus den Sommermonaten baut sich schnell ab. Jetzt schwimmen Beagle mit Retrievern, Dackel mit Schäferhunden und alle, die sonst was auf sich halten und wasserbegeistert sind. Gummibälle fliegen durch die Luft, es wird apportiert und gebellt, und den Vierbeinern scheint das Toben so richtig Spaß zu machen. Sogar ein Wettschwimmen wird veranstaltet. Herrchen und Frauchen dürfen auch mit ins Wasser. Oder sie passen am Beckenrand auf und führen angeregte Gespräche über Hund und die Welt.

▶ **Im »Nöthel´s« (früher »Hummerstübchen«) isst man vorzüglichen Fisch und Hummer, aber auch Sauerbraten, wie ihn Peter Nöthel einst für Queen Elisabeth zubereitete (Bonifatiusstr. 35).**

Strandbad Lörick · Mai–Anfang Sept. Mo–Fr 6–21, Sa, So 9–20 Uhr
Niederkasseler Deich 285 · 40547 Düsseldorf · Tel. 0211/821 25 79 · Straßenbahn 51, 833

84 Klettern wie die Affen

Im hinteren Bereich hängen Kinder an den künstlichen Felsen und hangeln sich von einem bunt gefärbten Griff und Tritt zum nächsten. Weiter links sieht man schweißgebadete Erwachsene, die in der Wand zappeln und auf die Felsplatte gelangen wollen. Einfach so, ohne angeseilt zu sein, denn die Halle ist mit Fallschutzmatten ausgelegt. Das Monkeyspot ist eine coole Boulderhalle mit einer Fläche von rund 1000 m^2 und allen Schwierigkeitsstufen. Außerdem mit nettem, hilfsbereitem Personal. Bouldern (vom englischen boulder, Fels) wird immer beliebter. Die Parcours werden häufig umgeschraubt, sodass es immer wieder Abwechslungen gibt.

Monkeyspot · Mo–Sa 9–23, So 9–22 Uhr · Schießstr. 52 · 40549 Düsseldorf · Tel. 0211/54 41 66 36
www.monkeyspot.de · U74, 76, Löricker Straße

85 Eine Oase im sonst wenig grünen Heerdt

Schon seit 30 Jahren existiert der Verein Ökotop, der auf einem 16 Hektar großen Gebiet einen ökologischen Lebensraum für Menschen, Pflanzen und Tiere geschaffen hat. Das Ergebnis ist eine Wohnsiedlung nach ökologischen Gesichtspunkten und ein verwunschener Park mit Natursteinmauern, Obstbaumwiesen, Biogärten, Feuchtbiotop und Wäldchen. Auf einer der Bänke kann man Männern beim Boulespiel zuschauen, oder man läuft den Lehrpfad ab und genießt die Natur. Für Autos ist alles gesperrt. Für Kinder aber bietet das Ökotop einen tollen Spielplatz. Der Verein organisiert viele Events, etwa eine Fledermausnacht, einen Dämmerschoppen, einen Altengarten und viele lehrreiche Projekte rund um Ökologie. Gäste sind jederzeit willkommen.

Ökotop Heerdt · Am Ökotop 70 · 40549 Düsseldorf · Tel. 0211/50 13 12 · www.oekotop.de
U75 Aldekerkstraße, Bus 828, 833 Berzelliusstraße

Kletterer folgen den Farben und brauchen viel Kraft und Geschicklichkeit.
Viel Natur bietet das Ökotop in Heerdt, dem Stadtteil mit sonst wenig Begrünung.

An der Außenfassade sieht man noch die Einschläge der Bomben.
Erinnerung an schwere Zeiten: Eine Zelle mit Stockbetten, Kocher und Gasmasken

Die stabilste Kirche der Welt

Ein Bunker aus dem Zweiten Weltkrieg in Heerdt wurde direkt nach dem Krieg in eine Kirche umgewandelt, die bis heute ihr wehrhaftes Äußeres behalten hat. Längst ist das Denkmal aber ein Ort des Friedens, der Kunst und der Begegnung.

Schon 1926 wurde die Pfarrei St. Sakrament gegründet, 1928 kaufte sie das Grundstück am Handweiser. Die Pläne für die Kirche waren noch nicht fertiggestellt, als die Nazis das Gelände 1940 beschlagnahmten, um den Luftschutzhochbunker zu bauen. Nach dem Krieg, unter englischer Besatzung, mussten viele Gebäude entmilitarisiert werden, so auch der Hochbunker am Handweiser. Er wurde zu einer Kirche umfunktioniert.

Der ehemalige Versorgungsturm wurde zum Glockenturm aufgestockt, hier hängen drei Glocken vom Hamburger Glockenfriedhof. Geht man die Stufen zum Kellergeschoss hinunter, sieht man die vielen Zellen, in denen die Menschen einst Schutz suchten. Und spätestens bei der mit Originalstücken rekonstruierten Schutzzelle läuft einem ein Schauer über den Rücken: Auf engstem Raum stehen zwei Stockbetten mit insgesamt sechs Schlafplätzen, Tisch und Klappstuhl, daneben eine Brennhexe, mit der Essen erwärmt werden konnte. Auch die Gasmasken sind zu sehen. Der Bunker bot damals 2300 Menschen Platz, auf vier Etagen mit je etwa 48 Zellen. Heute gibt das Souterrain, das noch im Ursprungszustand erhalten ist, mit der Rampe des Versorgungsturms Künstlern die Möglichkeit, ihre Werke auszustellen.

Durch lange Gänge gelangt man dann in den hohen, hellen Kirchenraum, der durch die bunten Glasfenster in schönes Licht getaucht ist. Erleichtert ist man wieder im Hier und Jetzt angekommen. Zwei Reliefs des Künstlers Bert Gerresheim am Eingang des Gebäudes zeigen Christus, der das Hakenkreuz zerbricht, und den Leitsatz der Predigt von Kardinal Frings: »Sie werden ihre Schwerter zu Pflugscharen umschmieden und ihre Lanzen zu Winzermessern machen«. Ganz nach diesem Friedensspruch bietet die katholische Gemeinde seit 2016 koptischen Christen dieses einzigartige Bauwerk als Kirche an.

Bunkerkirche St. Sakrament · Pastor-Klinkhammer-Platz · 40459 Düsseldorf
Besichtigungen über Dieter Lepiorz, Tel. 0211/50105 · U-Bahn Handweiser
www.friedensort-bunkerkirche.de

87 Über sieben Brücken musst du gehn

Der Rhein teilt Düsseldorf in die – klar – rechtsrheinischen und linksrheinischen Stadtteile. Diese sind durch sieben sehr prägnante Brücken wieder miteinander verbunden, man spricht in Düsseldorf gar von einer Brückenfamilie. Sie sind Wahrzeichen der Stadt und schrieben Geschichte.

Im Zweiten Weltkrieg wurden alle Brücken zerstört, danach schnellstmöglich zunächst behelfsmäßig wieder aufgebaut, bis dann die Brückenfamilie Ende der 1960er-Jahre Gestalt annahm. Sechs der Brücken dienen dem Straßenverkehr, eine von ihnen, die Hammer Brücke, ausschließlich Zügen. »Gründer« der Familie waren die Oberkasseler-, die Rheinknie- und die Theodor-Heuss-Brücke. Alle drei sind einhüftige Schrägseilbrücken, also mit nur je einem Pylonen, an dem die Seile befestigt sind. Die Düsseldorfer Brücken waren lange führend im internationalen Schrägseil-Brückenbau.

Die Rheinkniebrücke mit Blick auf den Fernsehturm und den Medienhafen

Die Oberkasseler Brücke schrieb dann noch einmal Ingenieursgeschichte, als sie komplett und im Ganzen – mit 12 500 Tonnen! – im Jahr 1976 um 46 Meter verschoben wurde, an die Stelle, an der der Vorgängerbau stand, somit konnte die Verkehrssicherheit gewahrt werden. Vor ihrer Zerstörung im Zweiten Weltkrieg war sie die erste öffentliche Brücke für den Personenverkehr gewesen, damals zogen Pferde die Tram hinüber in die Innenstadt.

Die Rheinkniebrücke, kurz Kniebrücke, erhielt ihren Namen vom Flusslauf, der hier – aus der Luft gesehen – eine Schleife zieht, die aussieht wie ein Knie. Sie ist die Diva der Rheinbrücken und hatte bei ihrer Instandsetzung 1969 die längste Hauptspannweite aller Schrägseilbrücken der Welt.

Den Rekord, die weltweit älteste Schrägseilbrücke zu sein, hält die Theodor-Heuss-Brücke, von den Düsseldorfern auch einfach Nordbrücke genannt, die schon 1957 eröffnet wurde. Erst 1979 wurde die Fleher Brücke für den Verkehr freigegeben, der Verkehr der A46 rauscht über sie hinweg, und sie hält mit 147 Metern den Rekord des höchsten Brücken-Pylonen Deutschlands. Die drei übrigen »Familienmitglieder« sind die Südbrücke, die Neuss mit Bilk verbindet, die Hammer Eisenbahnbrücke und als neueste die Flughafenbrücke. Das Nesthäkchen wurde erst 2002 eröffnet und verbindet Meerbusch mit Düsseldorf. Die A44 führt hier entlang. Aufgrund der Nähe zum Flughafen sind ihre Pylone lediglich 40 Meter hoch.

88 Fernöstliche Kultur in Niederkassel

Einer japanischen Teezeremonie beiwohnen, die Kunst des Origami lernen, einer buddhistischen Andacht lauschen und einen Blick in die Welt des Cosplay erhaschen: Das Eko-Haus in Niederkassel ist mehr als ein »Japanhaus«, es ist ein Begegnungsort der Kulturen.

Nach dem Zweiten Weltkrieg siedelten sich die Japaner am »Schreibtisch des Ruhrgebietes« an, und heute hat Düsseldorf nach London und Paris die größte japanische Gemeinde Europas. Mit einer japanischen Handelskammer, der deutsch-japanischen Gesellschaft, mehreren Schulen und Kindergärten, dem Generalkonsulat und an die 400 Firmen. Niederkassel ist sehr beliebt als Wohnort, und daher wundert es nicht, dass auch das japanische Kulturzentrum, das Eko-Haus, hier ansässig ist. Es bietet nicht nur den Asiaten die Möglichkeit, ihrer Kultur nachzugehen, die Stiftung möchte umgekehrt auch die fernöstliche Kultur den Europäern näher bringen.

▶ **Beim Japantag im Mai/Juni laufen lebende Comicfiguren durch die Stadt, Samurai und Musikgruppen zeigen ihr Können. Der Tag gipfelt im großen Feuerwerk, dessen Veranstalter extra aus Japan anreisen.**

Zunächst gelangt man in einen japanischen Garten, die Wege, gesäumt von Bonsais und Sträuchern, führen zum Tempel auf der Anhöhe. Daneben ein Glockenturm mit einer Bronzeglocke, die bei großen Festen zehnmal geschlagen wird, am letzten Tag des Jahres jedoch 108-mal, um die Grundleiden der Menschen zu vertreiben.

Im Tempel finden jeden Donnerstag ab 18 Uhr Abendandachten statt, man kann auch Kurse über den Shin-Buddhismus belegen. Oft ausgebucht sind die Teezeremonien, die in dem Tokioter Haus aus den 30er-Jahren stattfinden, das nach Düsseldorf exportiert und hier wieder aufgebaut wurde. Man kann auch Origamikurse belegen, Ikebana lernen oder die Kunst der Tuschezeichnungen. Trendy wird's beim Cosplay: Junge Leute verkleiden sich im Stil japanischer Comics oder Videospiele. Sie fertigen die Requisiten und Kostüme meist sehr aufwendig selbst und treten in Wettbewerben gegeneinander an. Das Eko-Haus zeigt dazu eine Ausstellung.

EKO-Haus · Di–So 13–17 Uhr · Brüggener Weg 6 · 40547 Düsseldorf
Tel. 0211/757 91 82 22 · www.eko-haus.de · Bus 834, 836, 828 Niederkasseler Kirchweg

Der Tempel der Anlage besticht durch seine klare und leichte Bauweise.

Ein buntes Schlemmererlebnis in historischen Gebäuden bietet Alt-Niederkassel.

Eine Straße voller Köstlichkeiten

Ein kulinarischer Streifzug durch Alt-Niederkassel mit seinem bäuerlichen Charme bietet nebst rheinischer Küche und einer kleinen Privatbrauerei auch einen französischen Feinkostladen und italienische Gourmetküche. Willkommen im kleinen Dorf Niederkassel!

Entlang der Verbindungsstraße zwischen Ober-und Niederkassel, dem Kaiser-Friedrich Ring, stehen Bauten aus dem ausgehenden 19. Jahrhundert, als Oberkassel der aufstrebende Stadtteil Düsseldorfs war. Zur Rechten geben die Platanen immer wieder den Blick auf den Rhein frei. Obwohl Niederkassel schon um 1900 in die Hauptstadt eingegliedert wurde, hat es trotzdem seinen dörflichen Charakter erhalten. Heute wohnt hier der Düsseldorfer Geldadel, und die Immobilien erzielen Höchstpreise. Folgt man dem Kaiser-Friedrich-Ring, biegt man nach etwa zwei Kilometern nach Alt-Niederkassel in die gleichnamige Straße ab. Und sogleich findet man sich in einer wahren Dorfidylle wieder.

Entlang dieser schmalen Straße liegen rechts und links Gehöfte aus dem 19. Jahrhundert, umgebaut zu Wohnhäusern und erfreulich vielen Gastschänken. Die kleine »Osteria Saitta« (Nr. 32) unter dem großen Nussbaum macht den Anfang, sie hat einen schönen Biergarten. Und italienische Spezialitäten im Angebot, die die Herzen von Fischliebhabern höherschlagen lassen. Etwas weiter, in einer kleinen Seitenstraße, liegt das »Brauhaus Joh. Albrecht«, eine kleine, feine Mikrobrauerei, die man auch besichtigen kann. Die Speisekarte beschränkt sich aufs Wesentliche: Sauerbraten, Flöns, Bierhappen, im Winter Gänse und einiges mehr. Bei »Meuser«, Alt-Niederkassel Nr. 75, dem Traditionsgasthaus seit 1853, gibt es ebenfalls Deftiges: Speckpfannkuchen und Schlachtplatte. Und daneben liegt, für Selbstversorger, der Feinkostladen »La Passion du Vin« (Nr. 71). Er bietet nebst französischen Weinen auch eine große Palette an französischen Käsen und Wurstwaren. Das »La Casetta Romana« (Nr. 105) schließlich rundet mit einem weiteren italienischen Restaurant das erstaunliche kulinarische Angebot dieser kleinen Straße ab.

Niederkasseler Straße · 40547 Düsseldorf · Bus 833 Heinsbergstraße

Kunst an der Werft

Auf und an dem ehemaligen Werksgelände des Reisholzer Hafens hat sich eine wahre Künstlerkolonie gebildet, auch die Galerie Töchter & Söhne hat sich hier niedergelassen. Sie bereichert mit Kunstförderung und erfolgreichen Ausstellungen die Düsseldorfer Künstlerszene.

2011 gründeten Vera Sattler und ihre Tochter Eve zusammen mit Joe Hennig und Tobias Basan den Verein Düsseldorfer Künstler; ihrer Meinung nach wurde den Kunstschaffenden nicht genug Aufmerksamkeit gewidmet, und das haben sie mit spektakulären Jahresausstellungen, unter anderem »Freigang – Kunst im Knast« in der ehemaligen Düsseldorfer JVA, erfolgreich geändert. Die Mitglieder des Vereins haben die Möglichkeit, auf der Webseite und mit zahlreichen Ausstellungen und Aktionen mehr Präsenz zu zeigen; Kunstinteressierte wiederum erhalten einen Überblick über das Who's Who der Szene. Nach der Vereinsgründung folgte für Eve und Vera Sattler 2015 die Eröffnung der eigenen Galerie Töchter & Söhne. Nach dem Motto »Wir stellen aus, was uns gefällt« sieht man Fotografien, moderne Malerei, Skulpturen, Zeichnungen und Street-Art. Zu Letzterer haben die Damen eine enge Verbindung, gehören sie doch zum Team, das »40 Grad Urbanart« mit auf die Beine gestellt hat, ein Festival, das alle zwei Jahre stattfindet und bei dem die Künstler an Düsseldorfs Plätzen und Fassaden zeigen, was sie können. In diesem Rahmen sind auch die beiden Wandbilder am Galeriegebäude entstanden; die Personengruppe von den Düsseldorfer Künstlern Sadam und Oldhaus, das andere vom Frankfurter Case Ma'Claim – zum Victory-Zeichen erhobene Finger, ein weiteres gutes Omen für die Galerie.

Auch Helga Weidenmüller, durch Objekte, Installationen und ihre Buchunikate über die Stadtgrenzen hinaus bekannt, ist Mitglied im Verein Düsseldorfer Künstler. Und die Malerin Ute Wöhle hat ihr Atelier gleich neben Töchter & Söhne. Gegenüber, im alten Hafengebäude, arbeiten die Künstler des Vereins Kunst im Hafen. Man trifft sich im integrierten Café der Galerie.

Galerie Töchter & Söhne · Sa–Do 12–17 Uhr · Reisholzer Werftstr. 73 · 40589 Düsseldorf
Tel. 0160/213 70 80 oder 0173/523 05 40 · U83 Am Trippelsberg

Weithin sieht man das Kunstwerk der Galerie auf dem sonst tristen Gebäude.

Franky gibt seine Leidenschaft für den Tauchsport an die Schüler weiter.
Beim Open-Water-Kurs werden die ersten Kniffe und Tricks gelehrt.

Begeisterung für die Unterwasserwelt

Nein, diesmal hat es nichts mit dem Werbeslogan zu tun, Düsseldorf sei die »längste Theke der Welt«, bei der Tauchbar geht es wirklich ums Tauchen: Es ist eine Non-Profit-Schule im Düsseldorfer Süden, deren Mitarbeiter allein die Liebe zum Wassersport antreibt.

Franky, Gründer der Tauchbar, hat selbst erst 2003 angefangen zu tauchen. Dann aber hat ihn die Faszination dieses anspruchsvollen Sports nicht mehr losgelassen, und bereits 2009 wurden die Tore der etwas anderen Tauchschule geöffnet. Franky stellt sich auf den Standpunkt: »Jeder kann tauchen«, und so bietet er beispielsweise Behindertenstunden an: In Zusammenarbeit mit dem Beirat für Menschen mit Behinderung wird einmal im Monat ein kostenloser Schnupperkurs im Pool angeboten.

Für alle anderen gilt: Wer einen Schnuppertauchgang im Schwimmbad oder auch im See gemacht hat – trainiert wird im Hitdorfer See bei Monheim – und sich für den Sport interessiert, kann anschließend seine Ausbildung zum Open Water Diver machen, der Schein berechtigt zum Tauchen mit Buddy (Partner) in allen Gewässern der Welt. Ausgebildet wird nach internationalem Standard. Ob denn die Menschen nicht lieber in tropischen Gewässern mit bunten Fischen tauchen wollten als in heimischen Seen mit schlechter Sicht? Die Seen der Umgebung böten eine spannende Unterwasserwelt mit interessanter Flora, antwortet Franky. Außerdem sei Tauchen ein Sport, der auch einiges an Training verlangt, und wer kann schon jede zweite Woche ans Meer fliegen?

Die Mitarbeiter der Tauchbar stecken viel Herzblut in die Ausbildung der Schüler. Sie selbst gehen alle noch anderen Jobs nach, der Sport und das Unterrichten sind nur Hobby. Die Einnahmen der Schule fließen in den Unterhalt und die Wartung der Geräte. Für den Anfang oder den gelegentlichen Fun Dive kann das Equipment ausgeliehen werden. Ansonsten bietet der kleine Shop alles, was das Taucherherz begehrt, auch maßgeschneiderte Trockenanzüge.

Tauchbar · Mo–Fr 18–20, Sa. 10–15 Uhr · Reisholzer Werftstraße 57 · 40589 Düsseldorf
Tel. 0211/69 54 92 66 · www.tauchbar.de · Bus 724 Industriepark Niederheid

Natur und Barock – Schloss Benrath im Sommer

Schloss Benrath, in dem schon Queen Elisabeth und Michail Gorbatschow empfangen wurden, ist ein kurfürstliches Sommerschloss aus dem 18. Jahrhundert. Man kann hier das ganze Jahr hindurch in der Parkanlage lustwandeln und natürlich das Schloss selbst besichtigen. Seit einigen Jahren aber ist das Barockfest ein Highlight.

Dann geht es in Schloss und Park hoch her, dann taucht man ein in die Welt von Barock und Rokoko mit den breiten Reifröcken, den lockigen Frisuren mit Schleifen, den Schnabelschuhen, Livreen und Perücken. Das Festivalwochenende ist das größte Kostümfest der Hauptstadt, neben dem Karneval, versteht sich. Das roséfarbene Schlösschen liefert die perfekte Kulisse für die Pracht der Gewänder und das Unterhaltungsprogramm im Stil des 18. Jahrhunderts. Gaukler treten auf und Stelzenläufer, Gedichte aus längst vergangenen Zeiten erklingen, alte Spiele werden gespielt. Es finden Konzerte statt, und sogar eine Bootsfahrt auf dem Spiegelweiher wird angeboten.

Auch im übrigen Sommer ist in der Anlage Historie angesagt: Bei der Besichtigung von »Elisabeths Garten« lernt man viel über vergessene Kräuter und Heilpflanzen, und in den Hochbeeten werden alte und regionale Gemüsesorten angebaut, die aus der herkömmlichen Landwirtschaft inzwischen fast verschwunden sind. Der Garten gehört zum Naturkundemuseum im Westflügel des Schlosses, das die regionale Flora und Fauna zum Thema hat. Auch die des Schlossparks selbst: Hier leben nämlich rund 80 Vogelarten, die im Museum beschrieben werden. Ihren Gesang hört man dort bei der Vogeluhr, die die Vogelstimmen im Tagesverlauf erklingen lässt. Eine wunderbare Anregung, an einer der ornithologischen Führungen im Park teilzunehmen. Oder auch einfach nur einen ausgiebigen Spaziergang zu machen, mit Blick auf das kleine Jagd- und Lustschloss.

In dessen Räumen wiederum finden wunderschöne Wandelkonzerte statt: Wie zu Mozarts Zeiten geht man zu Musik durch die Säle – allerdings in Filzpantoffeln, denn der Boden muss geschont werden.

Schloss Benrath · Barockfest: Juli; Museum: 1.11.–31.3. Di–So 11–17; 1.4.–31.10. Di–Fr 11–17, Sa, So 11–18 Uhr · Benrather Schlossallee · Tel 0211/892 19 03
www.schloss-benrath.de · U71, 74, 83 Schloss Benrath

Im ehemaligen Jagdschloss Benrath erahnt man den Pomp längst vergangener Zeiten.

Mast- und Schotbruch für Könner und Anfänger: Segeln auf dem Unterbacher See

Miniferien vom Alltag

Schnell nach Feierabend noch eine Runde segeln, mit den Optimisten aufs Wasser hinaus! Oder in den Kletterpark – Spaß und Spannung für Groß und Klein! Meditativ und sportlich zugleich ist das Bogenschießen, auch das kann man hier, und wer einfach nur schwimmen will, geht in eines der Strandbäder.

Der Unterbacher See ist ein 83 Hektar großer Baggersee, etwa 13 Meter tief. An warmen Sommerwochenenden sind die besten Liegeplätze der Strandbäder schnell vergeben, und es herrscht ausgelassene Badestimmung. Der See verfügt über das Nord- und das Südbad, Letzteres ist heiß begehrt, ist es doch eines der letzten FKK-Gebiete der Hauptstadt.

Vor allem das Sportangebot am See ist vielfältig. Während der Saison heißt es jeden Mittwoch »Mast und Schotbruch«, denn dann regattiert der Segelclub, der über eine ausgezeichnete Segelschule verfügt. Die Optimisten, kleine Einhand-Jollen, bieten Jugendlichen und Anfängern optimalen Einstieg in den Segelsport. Aber auch für Fortgeschrittene werden Kurse angeboten, man kann den Sportseeführerschein machen oder den Binnenschifffahrtsschein. Workshops für die Praxis finden im Clubhaus am See regen Zuspruch. Und wer bereits einen Segelschein besitzt, kann am Hafen des Nordstrandes auch Optimisten und Jollen mieten, auch Ruderboote und Kanus stehen bereit für einen schönen Tag auf dem Wasser.

Weitere tolle Freizeitmöglichkeiten bietet der Hochseilgarten Querfeldein am Südstrand, mit elf Meter hoher Schaukel, 70 Stationen, tollen Abseilplätzen und einem schönen Seilbrücken-Parcours. Und mit Teambuilding-Seminaren oder Firmenevents. Doch noch etwas ganz Besonderes gibt es hier: Bei Querfeldein kann man Bogenschießen lernen. Diese Sportart, bei der Geschicklichkeit und höchste Konzentration erforderlich sind, bietet einen hohen Entspannungseffekt und wird immer beliebter, zumal man dabei ganz ohne technische Ausrüstung auskommt. Und weil man sie das ganze Jahr hindurch ausüben kann. Auch hier am Unterbacher See.

Unterbacher See · Segelschule · Tel. 0211/899 20 94 · www.unterbachersee.de · Bus 736 Strandbad Nord · Querfeldein · Am Kleinforst 260 · 40627 Düsseldorf · Tel. 0211/47 47 67 80 www.hochseilgarten-duesseldorf.de · Bus 736 Strandbad Süd

Naturschutzgebiet in der Stadt

Das Naturschutzgebiet Urdenbacher Kämpe ist ein weiteres Beispiel dafür, wie der Rhein die Landeshauptstadt prägt. Das größte Naherholungsgebiet Düsseldorfs hat überregionale Bedeutung und genießt sogar internationalen Schutz, ist es doch ein typisches Stück Niederrhein.

Mit 316 Hektar Fläche bietet das Gebiet, das sich bis in die Stadtbezirke Monheims erstreckt, einen wunderbaren Erholungswert und ist ein beliebtes Wanderziel. Man kann entlang des Altrheins herrlich durch die Flussauen stapfen, vorbei an Obstwiesen mit ihren uralten Apfel- und Birnbäumen, überquert zahlreiche Feuchtstellen und Niedermoore und beobachtet dabei seltene Vögel, wie etwa die Grasmücke, den Eisvogel, Grünspechte oder Pirole. Auch Iltis, Igel und Wiesel sind hier anzutreffen und können in dem Rückzugsgebiet ungestört für Nachwuchs sorgen. Die Wanderwege sind

Das Naturreservat am Rande der Stadt bietet schöne Wander- und Spazierwege.

gut ausgeschildert und eignen sich auch für Familien und Ungeübte. Beliebt sind die Schnitzeljagden, die man sich per App auf das Smartphone laden kann und die für ein unterhaltsames Tagesprogramm mit Schatzsuche sorgen. Auch geführte Wanderungen kann man unternehmen, ebenso wie Fahrradtouren, die über ein gut ausgebautes Netz an Wegen führen.

▶ **Das »Extratour zum Alten Rhein«** (Drängenburger Str. 4) ist ein gemütliches Lokal mit Biergarten und bietet gutbürgerliche Küche und bayerische Schmankerl.

Der Rhein ist hier nicht begradigt, und das ist das Besondere an der Urdenbacher Kämpe, denn der Fluss kann folglich über seine Ufer treten. Somit entsteht dieses schützenswerte Biotop, dessen Geschichte man im Haus Bürgel nachvollziehen kann. Dieses Haus, einst auf einem römischen Kastell errichtet, ist heute der Verwaltungssitz des Naturschutzgebiets und liefert selbst ein gutes Beispiel für die Naturgewalt des Rheins: Die heutige Stiftung stand bis Mitte des 14. Jahrhunderts auf der linksrheinischen Seite, erst durch das Hochwasser von 1374 hat sich der Rhein ein neues Bett gesucht und strömt nun in seinem jetzigen Bett, rechts am Haus Bürgel vorbei.

Urdenbacher Kämpe · südlich von Urdenbach, zwischen Rhein im Westen und Altrhein im Osten Haus Bürgel · Urdenbacher Weg 1 · 40789 Monheim

Mit den Waschweibern durch die Zollfeste Zons

Die Bestsellerautorin Catherine Shepherd hat Zons zum Handlungsort ihrer Krimis gemacht. Die kleine Siedlung am Rhein aus dem 14. Jahrhundert gilt als besterhaltene mittelalterliche Stadt im Rheinland und wird gern rheinländisches Rothenburg genannt.

Zons war offenbar schon immer für Kriminalfälle gut. An einen erinnert der Schweinebrunnen, der 1959 nach dem Entwurf von Bernhard Lohf errichtet wurde und auf die Zonser Schweinefehde aus dem Jahr 1575 anspielt: Damals stahlen Soldaten des Kölner Erzbischofs der Stadt 50 Schweine, aber diese Fehde endete glimpflich, bekamen doch die Zonser zumindest den Warenwert zurück. Heute dagegen finden Mord und Totschlag in den Krimis von Catherine Shepherd statt, die eigentlich Katrin Schäfer heißt und ihren Heimatort zum Zentrum blutrünstiger Geschichten macht, die in der (fiktiven) Vergangenheit des Ortes spielen. Und der Besucher des kleinen Städtchens versteht warum: Beim Gang über das Kopfsteinpflaster fühlt man sich in vergangene Zeiten versetzt.

Ab Düsseldorf-Urdenbach kann man mit der Fähre übersetzen und durch den autofreien Stadtkern schlendern. Sofort fällt der mächtige Rheinturm aus dem Jahr 1388 ins Auge, hier befand sich einst die Zollstation, die der Stadt den Beinamen Zollfeste bescherte. Der Krötschenturm, der Turm der Kranken, die hier während der Pestepidemie untergebracht waren, ist ebenso gut erhalten wie die restliche Stadtmauer, zu deren Bollwerk weitere Türme gehören. In der alten Mühle mit dem Mahlwerk aus dem 17. Jahrhundert ist ein Museum untergebracht, und wirft man 50 Cent in den Automaten neben dem Eingang, drehen sich ihre Flügel. Highlight eines Besuches in Zons ist eine Waschweiber-, Ritter- oder Nachtwächterführung, denn die historisch gekleideten Führer erzählen mit viel Lokalkolorit zahlreiche Anekdoten. Bekannt ist die kleine Stadt, die zu Dormagen gehört, auch für ihre Märchenspiele im Sommer auf der Freilichtbühne, die Groß und Klein in die historische Stadt führen, und das schon seit 1935!

Zons · Fähren ab Düsseldorf-Urdenbach: April–Sept. Mo–Fr 6.15–21, Sa, So 9–21 Uhr, Okt.–März Mo–Fr 6.15–20, Sa, So 10–19 Uhr

Auf den Spuren des Mittelalters in Zons, das leicht mit der Fähre zu erreichen ist.

Voll im Trend der Zeit – mit Anleitung das eigene Biogemüse anbauen

Echte Helden ackern selbst

In der Stadt wohnen und trotzdem sein eigenes Gemüse anbauen? Das geht, wenn man bei den Ackerhelden ein Stück Feld pachtet. Das wird dann in Eigenregie bewirtschaftet, gewässert und abgeerntet, natürlich ökologisch. So bekommt man frisches Gemüse aus eigenem Anbau, eine ganze Saison lang.

Das Konzept erfreut sich in vielen Städten immer größerer Beliebtheit. In der heutigen Zeit, in der Ernährungsbewusstsein hoch im Kurs steht, treffen die Ackerhelden den richtigen Nerv. Die Frage, woher denn das Gemüse kommt, das da im Supermarkt liegt, beschäftigt immer mehr Menschen, viele wollen auf Nummer sicher gehen und ihr eigenes Gemüse anbauen.

Für Städter war das bislang unmöglich, doch jetzt kommen die Ackerhelden ins Spiel: Bei ihnen kann man einen 40 Quadratmeter großen Teil eines Ackers pachten. Der wird dann in Eigenregie bewirtschaftet, gewässert und abgeerntet. Die Fläche ist begrenzt, damit der Aufwand für den Hobbybauern überschaubar bleibt: etwa zwei Stunden Arbeit pro Woche bei einem Ertrag, der für zwei bis drei Personen reicht.

▶ **Nach getaner Arbeit kann man sich in Lank-Latum im hübschen »Café Löffelgold« einen Imbiss gönnen. Hausgemachte Torten und Kuchen und guter Mittagstisch.**

Und dann heißt es rauf aufs Feld. Von Mai bis November bestellt man sein persönliches Land, auf dem bereits 20 Reihen bepflanzt sind, mit Jungpflanzen und Saatgut. Die Flächen sind biozertifiziert, das heißt frei von giftigen Pestiziden und Herbiziden oder chemisch-synthetischem Dünger. Die Ackerhelden bieten außerdem Workshops, Bücher und persönliche Betreuung an. Man lernt alles über den richtigen Zeitpunkt des Säens und Erntens, bekommt wichtige Tipps zur Weiterverarbeitung, außerdem leckere Rezepte. So tauschen sich die Hobby-Bio-Landwirte untereinander aus, und es entsteht ein Wissens- und Erfahrungspool, der für unsere Großeltern noch selbstverständlich war. Und dann weiß man, was hinter dem Gemüse im Supermarkt steckt.

Ackerhelden · Felder in Meerbusch-Büderich, hinter dem Deich am Rhein
Informationen über www.ackerhelden.de

Shakespeare live erleben

Alljährlich lässt die zweitälteste Stadt Deutschlands einem der bekanntesten Dichter aller Zeiten die gebührende Ehre widerfahren – wenn nämlich im Frühsommer das Neusser Shakespeare-Festival im Globe an der Rennbahn seine Pforten öffnet: Dann geht es vier Wochen lang um großes Theater von internationalem Format.

Das erste Globe Theatre wurde 1599 in einem der Londoner Außenbezirke von The King's Men eröffnet, einer Schauspieltruppe, deren wichtigster Autor William Shakespeare war. Die Stadt Neuss erwarb 1991 eine maßstabsgetreu verkleinerte Kopie des Gebäudes, das auf dem Gelände der Galopprennbahn eine dauerhafte Bleibe fand. Die zwölfeckige Konstruktion aus Holz und Stahl bietet etwa 500 Besuchern Platz. Das Besondere an dem Theater: Kein Zuschauer sitzt weiter als zehn Meter von der Bühne entfernt und erlebt so die Schauspieler aus nächster Nähe. Das war im alten London nicht unbedingt von Vorteil, denn wer etwas an den Akteuren auszusetzen hatte, bewarf sie gern mit den Resten seines Picknicks. Beim Neusser Shakespeare-Festival geht es gesitteter zu. Niemand kommt auf den Gedanken, in die Geschehnisse einzugreifen, die sich auf der zumeist karg ausstaffierten Bühne zutragen – für Shakespeare waren Mimik, Sprachkunst und Kostüme die wichtigsten theatralischen Elemente.

Diese besondere Atmosphäre lockt in jedem Jahr mehr als 10 000 Besucher an, die die Ensembles aus aller Herren Ländern sehen wollen. In den letzten 25 Jahren gastierten immer wieder Kompanien aus Simbabwe, Spanien, Frankreich, Korea, Hongkong, Japan, Ungarn, Polen, aus der Schweiz und den USA, aus Großbritannien und Deutschland. Auch berühmte Schauspieler wie Klaus Maria Brandauer und Senta Berger haben es sich nicht nehmen lassen, mit Lesungen und szenischen Darbietungen das Festspiel zu bereichern, das vermutlich als einziges seiner Art einen »ShakesBeerGarden« hat, in dem man nach den Vorstellungen bis in die Nacht bei Kerzenlicht und feinsten Speisen verweilen kann.

Globe Neuss · Anfang Juni bis Anfang Juli, Kartenvorverkauf ab April · Rennbahnpark Stresemannallee · Tel. 02131/52 69 99 99 · www.shakespeare-festival.de

Der zwölfeckige Bau ist eine Rekonstruktion von Shakespeares Theater in London.
Ganz nahe kommt man den Schauspielern im Innenraum des Theaters.

Bei den Füllhörnern zeigen die Floristen der Umgebung wahre Meisterleistungen.
Mit Uniform und Holzgewehr präsentieren sich die Schützen zur großen Parade.

Die Schützen sind los

Das Neusser Bürger-Schützenfest gilt als größtes dieser Art auf der Welt. Es wird alljährlich am letzten Augustwochenende abgehalten, es marschieren mehr als 7 500 Schützen und Musiker mit – und ziehen mehr als eine Million Besucher an.

Schützenfeste mit angeschlossener Kirmes sind im Rheinland wichtiges Kulturgut. In Neuss stehen aber nicht die Fahrgeschäfte im Vordergrund, sondern das Schützenfest selbst. Der Ursprung dieser Veranstaltungen liegt im Mittelalter, als in vielen Städten Schießübungen veranstaltet wurden, damit die Bürger der Stadt sich im Fall einer Krise verteidigen konnten.

Das Neusser Bürger-Schützenfest findet jährlich am letzten Augustwochenende statt und geht auf das Jahr 1823 zurück, als die Schützenbruderschaft, die bereits 1415 erwähnt wurde, nach der Herrschaft Napoleons ein erstes Vogelschießen mit Festumzug abhielt. Seit 1840 gibt es die Königsparade, die auch heute zentraler Bestandteil des Festes ist. Das eigentliche Schützenfest beginnt offiziell am Samstag mit dem Hissen der Fahnen am Quirinusmünster und großem Glockengeläut. Einer der Höhepunkte ist der Fackelzug am Samstagabend, wenn die Schützen mit rund 100 Großfackeln, die auf Wagen geschoben werden und wie Karnevalswagen politische und lokale Themen behandeln, durch die Stadt ziehen. Die Königsparade am Sonntag schafft es sogar ins WDR-Fernsehen: Die Schützen marschieren in Festtagsuniformen mit Holzgewehren, begleitet von Blaskapellen und Füllhornträgern, für deren Schmuck sich die Floristen gegenseitig überbieten. Bis Dienstagabend finden noch weitere Züge und Paraden statt, und natürlich das Königsschießen, bei dem der neue König ermittelt wird, der dann um Mitternacht mit einem Zapfenstreich inthronisiert wird. Während des Schützenfestes befindet sich die Stadt in einem Ausnahmezustand, und jedem echten »Nüsser« geht das Herz auf.

▶ **Im Rheinischen Schützenmuseum im Haus Rottels kann man die Geschichte und die Originaluniformen des traditionsreichen Festes bewundern.**

Neusser Bürger-Schützenfest · letztes Augustwochenende · Kirmesplatz und Quirinusmünster Straßenbahn 709 Neuss-Markt

Ein Paradies für Pflanzenliebhaber

Schon von Weitem sieht man die hohen Bäume des Schlossparks Dyck, der 1820 von einem schottischen Gartenbauarchitekten im Stil eines englischen Landschaftsgartens angelegt wurde. Ein Besuch auf Schloss Dyck entführt den Besucher in eine eindrucksvolle und auch exotische Pflanzenwelt am Niederrhein.

Auf dem über 50 Hektar großen Gelände finden sich majestätische Bäume, wie die 200-jährige Eibe mit ihrem riesigen Stamm. Die Sumpfzypressen und die amerikanischen Tulpenbäume stammen sogar noch aus der Zeit der Parkgestaltung. Große Sträucher wechseln mit Bäumen und Baumgruppen ab, Mammutbäume, Koreapappel und riesige Rhododendren bieten zu jeder Jahreszeit einen wundervollen Anblick. Im September begeistert die Lichtshow Illumina: Eindrucksvolle Beleuchtungen verzaubern nach der Dämmerung den Park und spielen mit Illusionen. Im Sommer finden die Classic Days statt, ein Oldtimertreffen, das in der Form und Größe einzigartig ist in Europa. Das ganze Jahr hindurch gibt es Veranstaltungen im Park, Konzerte und Ausstellungen, Pflanzenmärkte. Im Schlosslädchen wird Obst und Gemüse aus der Umgebung verkauft, unbedingt sollte man hier auch den frischen Most probieren, und das Café am Rande des Parks mit gutem hausgemachten Kuchen ist ein beliebter Nachmittagstreff. Das stattliche Wasserschloss selbst wurde urkundlich erstmals 1094 erwähnt und avancierte im 18. Jahrhundert zu einer Rokoko-Residenz, heute kann man das erlesene Interieur mit einer Führung besichtigen. Man sollte dabei unbedingt auch die Kapelle besuchen: Sie wurde 1351 erstmals erwähnt und bekam um 1763 ein imposantes Deckengemälde sowie einen Rokoko-Altar aus Eiche.

Die Kastanienallee, die einst das Schloss mit dem Nikolauskloster verband, zählt heute zu einer der ältesten ihrer Art in Deutschland, sie wurde 1811 gepflanzt. Zwischen Schloss und Kloster kann man durch den neu angelegten Bambusgarten wandeln. Neben dem Kloster befindet sich das »Dycker Weinhaus«, eine gute Adresse für Schlemmer (Klosterstr.1).

Schloss Dyck · Garten: Sommer Di–So 10–18, Winter 10–17 Uhr
Schloss/Ausstellungen: Sommer Di–Fr 14–18, Sa, So 12–18, Winter Sa, So 12–17 Uhr
41363 Jüchen · Tel. 02182/82 40 · www.stifung-schloss-dyck.de

Versteckt im Hinterland von Neuss liegt das Schloss mit seinen prächtigen Gärten.

Register

ESSEN UND TRINKEN

Café Startklar 136
Curry, Restaurant, Restaurant 62
Et Kabüffke, Restaurant 10
Himmel und Ähd, Restaurant 120
Hinkel, Bäckerei 20
Inhoven, Metzgerei 96
Kaffeeschmiede 150
Landhaus Mönchenwerth 156
Little Tokyo 58
Neanderkirche, Biergarten 16
Niederkasseler Straße 168
Olio, Restaurant 128
Phoenix Bar, Restaurant 54
Uerige, Lokal 12
Unbehaun, Eiscafé 92
Würzbar 144
Zur Sennhütte, Restaurant 128

EINKAUFEN

Anderweinig 42
Archefilo 110
Atelier im Hinterhof 34
Bittersüß und Edelweiß 68
Buchhandlung Lesezeit 138
Carlsplatz, Markt 40
Dogsmopolitan 152
ELA 76
Galerie Cebra 8
Himmelhochzwei 128
Hinkel, Bäckerei 20
Hutsalon Brigitte Roos 44
Juwelier Aldenhoff 104
Kaffeeschmiede 150
Langbrett 114
Lido Project 108
Manns Wassersport 36
Moritz Wenz Studio 112
Natural Greek Food 122
Phantasalto 146
Punch & Judy 134
Senfladen 38
The Golden Rabbit 116
Tischlerei Löffelsend 142
Van Afferden, Uwe 70

FREIZEIT UND FAMILIE

After-Work-Party, Hyatt Regency 64
Asphalt-Festival 118
Bauernhof Südpark 72
Bonsai-Museum 74
Classic Remise 94
Eigenlob, Keramikwerkstatt 78
Fischmarkt 6
Japanisches Eko-Haus 166
Kiefernstraße 100
KochDichTürkisch 106
Lörick, Freibad 158
Münster-Therme 124
Monkeyspot, Boulderhalle 160
Neusser Schützenfest 186
Niemandsland 90
Phantasalto 146
Puppentheater auf der
   Helmholtzstraße 80
Radschläger, Radschläger-
   Wettbewerb 48
Rheinkirmes 154
Rhein-Radweg 98
Rheinland-Alpakas 132
Schloss Benrath 174
Schloss Dyck 188
St. Martinsumzug 26

Tauchbar 172
Theater Takelgarn 80
Unterbacher See 176
Volksgarten 82
Volmerswerth 98
Wildpark Grafenberg 120

NATUR

Ökotop Heerdt 160
Rhein-Radweg 98
Unterbacher See 176
Schlosspark Benrath 174
Schlosspark Dyck 188
Urdenbacher Kämpe 178
Volksgarten 82
Wildpark Grafenberg 120

KUNST UND KULTUR

Asphalt-Festival 118
Atelier Felicitas Lensing-Hebben 130
Bert Gerresheim 18
Beuys, Josef 22
Bunkerkirche Heerdt 88
Diakonie Kaiserswerth 140
Galerie Töchter und Söhne 170
Giese, Tita, Palmeninseln 60
Hoppeditz-Erwachen, Haus
  des Karnevals 26
Japanisches Eko-Haus 166
Kö-Bogen 52
Kommödchen 24
Kunst im Tunnel, KIT 30
Kunstpunkte 60
Nordfriedhof 126
Radschläger 48
Rheinbrücken 164
Shakespeare-Festival,
  Globe-Theater Neuss 184
St. Lambertus 14
U-Bahnhöfe 50
Uecker, Günther 66
Zollfeste Zons 180

ENTSPANNUNG

Apartmenthaus Hohe Straße 46
Combination 72
Hofgarten 52
Hotel am Volksgarten 84
Hotel Hanseat 148
Münster-Therme 124
Türkisches Hamam 102

ÜBERRASCHENDES

Ackerhelden 182
Bauernhof im Südpark 72
Bonsai-Museum 74
Bücherschrank am Rhein 30
Bunkerkirche Heerdt 163
Das Büdchen 88
Christuskirche Oberbilk 84
Gaslaternen 32
Hexe von der Kö 56
Kiefernstraße 100
Neanderkirche, Biergarten 16
Niemandsland 90
Ökotop Heerdt 160
Rheinland-Alpakas 132
Tischlerei Löffelsend 142
U-Bahnhöfe 50

► **Impressum**

Verantwortlich: Ulrich Jahn, Alina Gillen
Redaktion: Juliane Braun
Layout: graphitecture book & edition
Repro: LUDWIG:media
Korrektorat: Sonja Woyzechowski
Umschlaggestaltung: graphitecture book & edition
Kartografie: Kartographie Huber, Heike Block
Herstellung: Miriam Tönnes
Printed in Italy by Printer Trento

Sind Sie mit diesem Titel zufrieden? Dann würden wir uns über Ihre Weiterempfehlung freuen.
Erzählen Sie es im Freundeskreis, berichten Sie Ihrem Buchhändler, oder bewerten Sie bei Onlinekauf.
Und wenn Sie Kritik, Korrekturen Aktualisierungen haben, freuen wir uns über Ihre Nachricht an Bruckmann Verlag, Postfach 40 02 09, D-80702 München oder per E-Mail an lektorat@verlagshaus.de.

Unser komplettes Programm finden Sie unter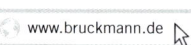

Alle Angaben dieses Werkes wurden vom Autor sorgfältig recherchiert und auf den aktuellen Stand gebracht sowie vom Verlag geprüft. Für die Richtigkeit der Angaben kann jedoch keine Haftung übernommen werden.

Bildnachweis: Alle Bilder des Innenteils stammen von Forian Böhm, außer:
S. 28 oben: Sabine Hanna, S. 28 unten: Jan Greune / Lookphotos, S. 61 oben: Andreas Salmon, S. 76/77: ©claudialinnhoff, S. 102: Dominik Brands, S. 118: Nana Franck, S. 173 unten: Tauchbar, S. 182: www.henning-photographie.de, S. 185: © 2014 by Christoph Krey, S. 186: Neusser Schützenbruderschaft

Umschlagvorderseite: Medienhafen Düsseldorf (mauritius images / Torsten Krüger), Alpaka (picture alliance / dpa Themendienst), Bonsai (mauritius images / DK Images / Suhas Asnikar)

Die Deutsche Nationalbibliothek verzeichnet diese Publikation in der Deutschen Nationalbibliografie; detaillierte bibliografische Daten sind im Internet über http://dnb.d-nb.de abrufbar.

© 2017 Bruckmann Verlag GmbH
ISBN 978-3-7343-0679-2